Edition Beck

HEINZ ANGERMEIER

Geschichte oder Gegenwart

Reflexionen über das Verhältnis von Zeit und Geist

VERLAG C. H. BECK MÜNCHEN

ISBN 3 406 05096 4

Umschlagentwurf: Walter Kraus

Gesamtherstellung Passavia Passau
Printed in Germany

für Isabel

INHALT

I. Zeit und Geist in Philosophie und Historie

II. Zeit und Geist im modernen Autonomismus

«Die Historie muß das Problem der Historie selbst auflösen»

Nietzsche

I. ZEIT UND GEIST IN PHILOSOPHIE UND HISTORIE

1. Das Anliegen

Die Geschichtswissenschaft hat seit ihren ersten Anfängen im 19. Jahrhundert viele Brüche und auch Krisen gehabt, und für alle diese Entwicklungserscheinungen gibt es auf der Hand liegende Gründe methodischer, personaler oder politischer Art; sie brauchen im einzelnen hier nicht aufgezählt zu werden. Das eigentliche Problem der Historie (Geschichtswissenschaft), auf das alle diese Teilfragen und Differenzen über mögliche Grundlagen, Zielsetzungen, Formen und Erkenntnismöglichkeiten, über Wert, Selbständigkeit und Notwendigkeit des historischen Denkens zurückgehen, liegt aber meines Erachtens in dessen eigenartigem Verhältnis zur Philosophie. Hier lag es immer, und hier wird es bleiben, solange die Geschichtswissenschaft sich nicht hinreichend von der Philosophie distanziert, bzw. emanzipiert hat.

Konkret gesagt heißt dies: die Schwierigkeiten um das Verständnis der Geschichte und das Selbstverständnis der Geschichtswissenschaft erwachsen vor allem aus der Tatsache, daß am Anfang des modernen historischen Denkens ein Philosoph steht. Hegel hat das Verständnis der Welt aus ihrer Geschichte proklamiert und prognostiziert, er hat damit die Geschichte auf sich selbst gestellt und sie zur selbständigen Wissenschaft von der Welt gemacht. Indem er sie aber gleichzeitig zur Philosophie erhob, hat er ihr Probleme aufgepackt, die nicht mehr im Bereich ihrer wissenschaftlichen Lösungsmöglichkeiten liegen und demgemäß Hypertrophie oder Verzweiflung innerhalb dieser Wissenschaft erzeugten. Denn Hegel hat ihr schließlich die Aufgabe gestellt, das Übel in der Welt zu begreifen und den denkenden Geist mit dem Bösen zu versöhnen. «In der Tat liegt nirgends eine größere Aufforderung zu solcher versöhnender Erkenntnis, als in der Weltgeschichte.»[1] Gewiß sind nun Philosophie und Historie über eine solche Aufgabenstellung in harte Konfrontation geraten, sodaß die Historiker mehr und mehr von allen Systemvorstellungen in der Geschichte abrückten, während Hegel sie beschuldigte, sie verfolgten garnicht «die Geschichte selbst ..., sondern die Geschichte der Geschichte und eine Beurteilung der geschichtlichen Erzählungen».[2] Auch hat Hegel nicht erst die Geschichte entdeckt, geschweige daß er die Geschichtswissenschaft begründet hätte, und sein Geschichtsbild hat keine historische Bedeutung. Aber darin ist sein Wirken doch für die Historie höchst bedeutsam, ja geradezu konstitutiv, daß er die Geschichtsbetrachtung von nichthistorischen Voraussetzungen löste. Hegel hat die Geschichte zum Problem ihrer selbst gemacht und den großen Versuch unternommen, die Welt als Geschichte und durch die Geschichte zu erklären. Insofern kommen die Historiker nicht darum herum, sich mit Hegel auseinanderzusetzen, und insofern sie seinen Versuch einer historischen Welterklärung fortführten, sind sie auch Hegelianer gewesen und werden es auch bleiben.

Fragen wir weiter, wodurch gerade der Philosoph Hegel diese fundamentale Bedeutung für eine historisierende Betrachtungsweise gewonnen hat, so liegt dies meines Erachtens darin, daß für Hegel die geschichtsbildenden Faktoren in Zeit und Geist liegen und nicht nur in der Tatsache der Individualität und der Entwicklung aller Erscheinungen der menschlichen Welt, wie dies Friedrich Meinecke in seinem Werk über die Entstehung des Historismus darlegte. Wir verkleinern nicht die Rolle der großen Methodologen, Jean Mabillons, der Mauriner und Bollandisten, bei der Begründung der historischen Wissenschaft, und wir sehen mit Meinecke, wie der Weg zum historischen Denken freigemacht wurde durch das individualisierende Betrachten und durch die Weiterführung der Idee vom organischen Wachstum zur menschlichen Entwicklung. In diesen von Meinecke gezeigten Stufen des historischen Denkens hat Hegel freilich keinen Platz. Aber auch wenn man Meineckes Gedanken noch den Gesichtspunkt hinzufügt, daß man die geschichtliche Welt erst erfassen kann, wenn die soziale Gebundenheit des Menschen einbezogen wird, ist mit den drei Komponenten der historischen Betrachtungsweise, Individualität, Entwicklung und Sozialität, die entscheidende Frage, was die Geschichte selbst ist, wie sie sich ergibt, und inwiefern sie die Realität der menschlichen Welt repräsentiert, noch nicht angeschnitten. Dies aber ist das Verdienst und das völlig Neue, das Hegels historisches Denken gebracht hat, daß die Geschichte nicht primär aus der sinnvollen Aufeinanderbeziehung von Fakten zu verstehen ist, sondern bei ihm a priori als die Koordination von Zeit und Geist gesehen wird, und zwar so, daß sich die Zeit als ein innerweltlicher, zielgerichteter Prozeß zeigt und das geschichtliche Leben in der Zeit als ein Vorgang von geistiger Repräsentanz verstanden wird. Erst durch die beständige Korrespondenz zwischen Zeit und Geist, die sich im dialektischen Gang bis zur Verbindung und Vermischung steigert, entsteht für Hegel Geschichte, gleichsam über die bloße menschliche Machbarkeit erhoben, wie auch über das nur faktenbildende Geschehen hinausgreifend, Geschichte also als eine Form der Realisation der geistigen Welt. Erst durch dieses Korrespondenzverhältnis wird Geschichte aus ihrer bisherigen Dienstfunktion gegenüber Religion und Rationalismus entlassen und nunmehr Zeugnis ihrer selbst. Und wieder über Meinecke hinausgehend läßt sich sagen, daß es diese hegelsche Konzeption der Geschichte als einer sich im Geiste erfüllenden Zeit war, die nicht nur den äußeren Erfolg des Historismus wesentlich mitbestimmte und Bildung, Kunst und Kultur des 19. und 20. Jahrhunderts prägte, sondern daß diese Konzeption auch der Geschichtswissenschaft selbst den Elan verlieh, durch den das historische Denken immer weiter vorangetrieben wurde. Kein Geringerer als Jakob Burckhardt, der erklärte Feind der Geschichtsphilosophie, legt in seinen Weltgeschichtlichen Betrachtungen dafür Zeugnis ab. Freilich, die Art und Weise der Beziehung zwischen Zeit und Geist wird in der Geschichtswissenschaft anders gesehen, und in ihrer eigenständigen Auffassung davon kommt mit ihrem Realitätssinn auch ihre entscheidende Differenz zu Hegel zum Ausdruck. Doch sollte eben nicht vergessen werden, daß die Historie nicht nur die Auffassung von der Selbständigkeit der Geschichte, sondern auch die die Geschichte konstituierenden Elemente Zeit und Geist aus der Erbschaft Hegels hat.

Vielmehr ist darauf zu verweisen, daß überall dort, wo Hegel und seine Geschichtsvorstellung abgelehnt wurde, auch die Geschichte selbst als Lebensraum des Menschen und als Quelle seines Selbstverständnisses negiert wurde. Dies zeigt schon auf den ersten Blick die Philosophie Kierkegaards, Schopenhauers, Nietzsches und des Neukantianismus, der im Hinblick auf sein Geschichtsbild am treffendsten von dem Geschichtsphilosophen Th. Lessing in der Darlegung über die «Geschichte als Sinngebung des Sinnlosen» vertreten wird, schließlich auch die anthropozentrische Kulturbewegung in Frankreich, als deren bedeutendsten Repräsentanten man Paul Valéry bezeichnen kann. Es gilt in gewissem Sinne aber auch von Karl Marx und dem ihm nachfolgenden politischen Marxismus. Denn obgleich Marx seinen Ausgang von Hegel genommen hat und die Geschichte als einen Prozeß versteht, so wird doch durch seine materialistische Auffassung von Mensch, Leben, Gesellschaft und Geschichte das Spannungsverhältnis zwischen Zeit und Geist aufgehoben. Indem er die Geschichte als den Weg von der individualistisch-materiellen Kultur zur gesellschaftlich-materiellen Kultur versteht, wird der Gang der Geschichte allein bestimmt durch das Mittel, das diesen Weg bewirkt, die Arbeit. Marx bezeichnet es als die erste Voraussetzung aller Geschichte, «daß die Menschen imstande sein müssen zu leben, um Geschichte zu machen». Folglich ist ihm «die Produktion des materiellen Lebens selbst ... eine Grundbedingung aller Geschichte»[3]. Die Arbeit und die Entfaltung der mit ihr verbundenen gesellschaftlichen Verhältnisse zur Herstellung einer gerechten materiellen Kultur ist die eigentliche Verbindung zwischen Zeit und Geist, zwischen der Gegenwart und dem Ziel der Geschichte. Indem die Arbeit die Geschichte beherrscht, sie ausmacht und auch jederzeit überprüfbar deren Zustand erfassen läßt, gibt es eigentlich kein Problem der Geschichte mehr, wenigstens nicht im Sinne der Verbindung von Zeit und Geist. Die geistige Welt erweist sich nach Marx nur als der ideologische Überbau über die durch die Arbeit geschaffenen Gesellschaftsverhältnisse. In der Arbeit und der sich selbst bestimmenden Entwicklung des Gesellschaftsprozesses ist die Geschichte ihr eigener Promotor, nicht nur fixiert durch die Dialektik der Entwicklung, sondern ebenso sehr durch den natürlichen Gang der Produktionsverhältnisse. So bedarf es im Marxismus auch für das Verständnis des Zusammenhanges von Zeit und Geist keiner besonderen Erörterung, Interpretation oder Spekulation. Indem sich das Problem der Geschichte, nämlich die Korrespondenz zwischen Zeit und Geist, in die tätige Erledigung durch gesellschaftsbezogene Arbeit verlegt, hört es auf, eine Frage zu sein, es ist zum Inhalt des politischen Kampfes geworden. Das heißt aber, daß bei Marx das reflektierende Bewußtsein aus dem Geschichtsverständnis eliminiert wird, das immerhin dem Geschichtsverständnis Hegels immanent ist und für die Geschichtswissenschaft überhaupt zu den wichtigsten Postulaten ihres Wirkens gehört. Und es heißt schließlich, daß die Geschichte nur besteht als die Geschichte der Arbeit, sodaß wir bei Marx eine anthropozentrische Geschichtsauffassung vorfinden, die den a priori auch außer aller Arbeit gegebenen Bezug des Menschen zur Welt übergeht.

2. Zeit und Geist in der Philosophie

a) In weltzugewandter Weise bei Hegel

Der Eindruck, den die Geschichte auf den unbefangenen Betrachter macht, ist eigentlich immer derselbe, zwiespältige geblieben: nämlich als jener Lauf der menschlichen Dinge in der Welt, der alle einbezieht und jeden betrifft, sich aber doch auch jeglicher menschlichen Gewalt, Berechnung und Lenkung entzieht. Sieht man Geschichte in dieser Weise nur als eine Masse vergangenen Geschehens, so wird sie nicht selten zum Alptraum und erzeugt Rat- und Hilflosigkeit, weil man sie nicht negieren oder wegschaffen kann, aber ebenso wenig mit ihr etwas Praktikables anzufangen vermag. Das Räsonnieren über diesen Tatbestand zieht sich seit Jahrtausenden durch die Überlegungen der Philosophen und der Politiker von Aristoteles bis Adenauer[1] sowie der Theologen[2] und der Literaten.

Es war das Werk von Hegel, hier eine Wende geschaffen zu haben, indem er zeigte, daß man dieses Phänomens Geschichte weder dadurch Herr wird, daß man sie im moralisierenden Sinn der antiken Historiographie als eine unerschöpfliche, aber auch unverbindliche Mahnerin im stillen Eck verharren läßt, noch dadurch, daß man sie nach der Methode von Gottesreichsaposteln zur Legitimation für die nächsten politischen Aktionen mißbraucht. Hegels neue Einstellung beruht darauf, daß er die Bedrängnis der Geschichte als eine geistige versteht und ihre Bewältigung nur durch das geistige Engagement des Menschen für möglich hält. Anders gesagt liegt Hegels Zugang zur Geschichte nicht im Feststellen, sondern im Denken, und das Wichtige daran sind für diese geistige Auffassung von Geschichte nicht die Fakten und Einzelheiten, auch nicht die von Hegel entwickelten Zielvorstellungen, sondern eben das Verstehen von Geschichte als der in Kräften, Formen und Konsequenzen sich produzierenden Zeit. Das Wichtige im Hinblick auf die Fortentwicklung des Weltverständnisses liegt darin, in dieser geschichtlich sich füllenden Zeit das Leben überhaupt gleichnishaft wiederzuerkennen. Und schließlich brachte Hegel einen neuen Ansatz für eine geistige Betrachtung der Geschichte, indem er durch die Herausstellung des zeitlichen Aspekts die Beweglichkeit und die Jeweiligkeit jeder Gegenwart und diese damit überhaupt als eine geschichtliche Größe sehen lehrte, sowohl im Hinblick auf die bewältigte Vergangenheit, wie auch auf die präjudizierte Zukunft. Mit der stringenten Einordnung der Gegenwart zwischen Vergangenheit und Zukunft wurde für die Geschichte der Aspekt der Zukunft überhaupt erst eröffnet, aber natürlich auch anstelle der totgesagten Vergangenheit die Lebendigkeit aller Geschichte erkannt. Mit diesem historischen Blick auf die Gegenwart ließ er Geschichte in ganz neuer Form erstehen, und zwar als eine thematische Selbstbestimmung des Menschen, dem diese Gegenwart immer auch schon einen bestimmten Platz in der Welt und eine endgültige Funktion im Bezug auf die Gesamtgeschichte zuweist. Das geschichtliche Denken wird dadurch mit Hegel der Ausgangspunkt für die menschliche Autonomie.

Gewiß ist dieser Blick auf die Zukunft und die entsprechende Gestaltung der Gegenwart nicht erst Hegels Erfindung. Diese Einstellung prägt immerhin in der Christenheit seit den Tagen des Evangeliums das Bewußtsein des Menschen und sein Handeln. Aber die Ausrichtung auf die Zukunft hat in der religiösen Vorstellungswelt eine andere Bedeutung; sie ist nur eine Hinwendung des Gläubigen auf die Zukunft des individuellen Lebens, ja mehr noch, es geht in der christlichen Haltung um die Zukunft der Seele und nicht um die Zukunft des Daseins in der Welt. Diejenigen, die im christlichen Sinne die endzeitlichen Zustände schon in der Welt vorhersagen oder herstellen zu sollen meinten, standen am Rande der Kirche, wie der um die Wende des 13. Jahrhunderts lebende Mönch Joachim von Fiore, oder sie waren Ketzer, wie die widertäuferischen Aktivisten in Münster im 16. Jahrhundert, oder sie waren überhaupt Utopisten, wie Thomas Morus. Im Bereich der christlichen Kirchen aber wurde die Sorge um das Ziel einer christianisierten Welt in die Hände der Missionare gelegt und nicht in die der Theologen, und das heißt, nicht die Herstellung der Endzeit, sondern nur ihre Vorbereitung war zu allen Zeiten das Anliegen der Kirche, auch für einen Gregor VII.

Hegel hat also das alte christliche Anliegen unter ganz anderen und neuen Auspizien wieder aufgegriffen. Denn bei ihm wird die Offenbarung der göttlichen Weisheit und damit die Herstellung eines Endzustandes in die Welt hineinverlegt, und das heißt in die Geschichte. Sie ist nicht eine der Erkenntnis entzogene religiöse Verheißung, sondern ein philosophisch begründbares, für jedermann erkennbares und in der Geschichte sich wirklich vollziehendes Ereignis. Ausgehend von der Idee, daß «die Weltgeschichte auf dem geistigen Boden vorgeht», sieht er auch den Inhalt der Weltgeschichte darin, daß der Geist sich in ihr vollendet oder, wie er sagt, daß «die Entwicklung des Bewußtseins des Geistes von seiner Freiheit» auf geschichtlichem Wege erfolgt.[3]

Uns beschäftigt hier jedoch nicht eigentlich die Frage, wieweit Hegels Vorstellung vom Geschichtsablauf als christlich bezeichnet werden kann, und uns schreckt auch nicht – etwa im Sinne eines Präjudiciums – die falsche Prophetie Joachims von Fiore, zumal bei beiden Geschichtsdenkern schon allein die Aufstellung ihrer Prinzipien die bedeutendste historische Wirkung nach sich gezogen hat. Die Meinung von Paul Valéry: «Der Philosoph will nicht zugeben, daß er ein Kunstwerk schafft und nur ein Kunstwerk schaffen kann»,[4] hat daher nur die halbe Wahrheit für sich. Denn wir fragen nicht danach, ob Hegels Philosophie der Geschichte der historischen Wirklichkeit entspricht, sondern nur, was seine geistige Auffassung von der Geschichte für ein neues und realeres Geschichtsverständnis erbracht hat. Demgemäß ist hier auch nicht die Geschichtsphilosophie Hegels darzulegen oder zu erörtern, sondern es geht nur darum, ihre weiterführenden Elemente herauszustellen. Drei Momente scheinen mir dabei von besonderer Bedeutung zu sein.

Es kann als das erste wichtige Moment in der Geschichtsbetrachtung bei Hegel angesehen werden, daß das historische Geschehen hier für sich, ohne Rücksicht auf außerhistorische Aspekte wie pragmatische, moralische, statistische erfaßt wird und das Verständnis des Lebensganges in der Welt aus der Folge des Geschehens allein zu erreichen versucht wird. Was Hegel also postuliert, ist die Herausstellung der Geschichte als eigener Sinnzusammenhang, der dann dem Menschen auch sein Dasein aus der Geschichte erklärt und ihn als eine geschichtliche Existenz erkennen läßt. So wird die Geschichte als ein überindividueller Lebensbereich betrachtet, der gleichwohl das Individuum in seine Gewalt einbezieht und es ebenso in der äußeren, wie auch in der inneren Entwicklung entscheidend mitprägt. Dieser Versuch, zu einem innerweltlichen, rationalen und überprüfbaren Lebensverständnis zu gelangen, das freilich über das unmittelbare individuelle Lebensverständnis hinausgreift und damit meditativen Charakter hat, ist auch für das ganze nachfolgende historische Denken maßgebend geblieben. Wohl sieht auch Hegel das von Leidenschaft, Gewalttat, Zufall und Untergang beherrschte Schauspiel der Geschichte, und er meint, die Trauer über dieses entsetzliche Spiel könne nur zur

Empörung gegen die Geschichte führen, sofern überhaupt ein guter Geist in uns sei. So gilt für das Individuum die Feststellung: «Die Weltgeschichte ist nicht der Boden des Glücks.»[5] Aber eben um dieses Unglück der Geschichte für den Menschen nicht nur verständlich, sondern auch sinnvoll zu machen, will er den eigentlichen Gang der Geschichte nicht in der Darlegung der individuellen Schicksale, Motive und Bedingungen sehen, nicht in der Masse der Begebenheiten das Wesen der Geschichte erfassen, sondern er stellt fest: «Der philosophischen Betrachtung ist es nur angemessen und würdig, die Geschichte da aufzunehmen, wo die Vernünftigkeit in weltliche Existenz zu treten beginnt.»[6] Nicht die Geschichte der menschlichen Schicksale ist es, was für ihn die Geschichte ausmacht, sondern eben die Geschichte als Vollzug des Weltganges und als eine in sich sinnvolle Bewegung der Zeit. Indem wir diese Auffassung Hegels bejahen, distanzieren wir uns freilich von dem, was er dann als die Vernunft selbst begreift, da sie ihm eine der Geschichte schon innewohnende Vernunft ist, die schließlich auch die Freiheit der Entwicklung okkupiert und die ganze Geschichte zum Moloch dieser sich entwickelnden Vernunft macht. Das Vernünftige in der Geschichte läßt sich aber auch als Begründbarkeit und Erklärbarkeit verstehen, sodaß gerade der überindividuelle Rahmen des historischen Lebensvollzugs als ein Verstehen der Konsequenzen auch für das Individuum greifbar wird.

Damit kommen wir zur zweiten wichtigen und neuen Komponente im Geschichtsdenken Hegels, nämlich zum Erfassen der Geschichte als Zusammenwirken von Zeit und Geist. Denn primär wird die historische Entwicklung bei ihm nicht verstanden als eine Summe von Handlungen, Situationen und Ereignissen, sondern als das Wirksamwerden des Geistes in der Zeit, wozu sich der Geist allerdings des Menschen, seiner Leidenschaften, Bestrebungen und Erfolge bedient. «Die Idee bezahlt den Tribut des Daseins und der Vergänglichkeit nicht aus sich, sondern aus den Leidenschaften der Individuen.»[7] Kann man nun auch bestimmt sagen, daß dieser Geist bei Hegel als eigene Substanz verstanden wird und nicht als der Geist des Menschen, nicht der dem Bewußtsein entsteigende Gedanke, so bleibt er doch der der Geschichte innewohnende Geist. Es wäre allerdings falsch, zu fragen oder sagen zu wollen, was der Geist *ist;* die Definition des Geistes der Geschichte kann hier nur gelingen, wenn man versteht, daß der Geist *wird,* und zwar schafft er im Werden sich selbst. Hegel umschreibt es so: «Der Geist handelt wesentlich, er macht sich zu dem, was er an sich ist, zu seiner Tat, zu seinem Werk; so wird er sich Gegenstand, so hat er sein Dasein vor sich.»[8] Form und Erscheinung gewinnt aber dieser Geist – im Gegensatz zur Schwere der physischen Natur – als Freiheit, was Hegel intentional als ein «Bei sich selbst sein» definiert. Da der Geist sich erst offenbart, indem er durch einen Prozeß stetiger Selbstüberwindung die Freiheit erlangt und diese schließlich in der ganzen Welt verwirklicht, stellt die Weltgeschichte selbst «den Stufengang der Entwicklung des Prinzips (dar), dessen Gehalt das Bewußtsein der Freiheit ist»; ja, noch prägnanter: «Die Weltgeschichte ist der Fortschritt im Bewußtsein der Freiheit.»[9] Indem so der Geist bei Hegel mitten auf der Erde angesiedelt wird, bedarf er zu seiner Verwirklichung der Zeit, ja er verwirklicht sich überhaupt als Zeit, nämlich als ein in der Geschichte sich zeigender Zustand. So sind Zeit, Fortschritt und Geschichte erst durch den Geist und wenn sie sich als Geist entwickeln. Geschichte darf darum auch nicht nur als eine selbstverständlich fortlaufende Bewegung, nicht nur als das leere Nacheinander von Jetzt und Jetzt und damit bloß als die meßbare Quantität im Verlauf des physikalischen Wandels verstanden werden, sondern sie ist eben geistiger Prozeß und damit tatsächlich eine Steigerung des Seins. Wird in der «Philosophie der Geschichte» über die Zeit nur gesagt, sie sei «das Negative im Sinnlichen», so präzisiert Hegel diese Aussage in seiner Enzyklopädie folgendermaßen: «Die Zeit als die negative Einheit des Außersichseins ist gleichfalls ein schlechthin Abstraktes, Ideelles. Sie ist das Sein, das, indem es ist, nicht ist, und indem es nicht ist, ist: das angeschaute Werden.»[10] Indem also der Geist sich in die Zeit ergießt, sie gestaltet und dadurch erst anschaubar macht, erweist er sich eigentlich als die Geschichte, so daß Hegel sagen kann: «Die Weltgeschichte ist also überhaupt die Auslegung des Geistes in der Zeit.»[11] Wieder akzeptiert das historische Denken grundsätzlich Hegels Verständnis der Geschichte als einer geistig aufzufassenden Bewegung, und Hegel hat dadurch Anstöße für die Geschichtswissenschaft gegeben, die vielleicht wichtiger sind als alle speziellen Differenzen. Aber es ist sein an die Freiheit – wie diese auch immer beschaffen sein mag – gebundener Geistbegriff, der den Geist in der Geschichte letztlich doch wieder der Freiheit beraubt. Es ist auch dieser prononciert als Freiheit verstandene Geist, der ihn in der Zeit nicht nur einen Prozeß sehen läßt, sondern bereits einen fixierten Progreß. Es ist die logische Folge dieser Gedankenkette Geist – Freiheit – Zeit – Geschichte, daß durch die von Hegel fixierte Aufeinanderbeziehung von Zeit und Geist die Vollendung des Geistes in der Freiheit auch das Ende der Geschichte bedeutet. Demgemäß ist dazu in der «Phänomenologie des Geistes» zu lesen: «Die Zeit ist der Begriff selbst, der da ist, und als leere Anschauung sich dem Bewußtsein vorstellt; deswegen erscheint der Geist notwendig in der Zeit, und er erscheint so lange in der Zeit, als er nicht seinen reinen Begriff erfaßt, das heißt, nicht die Zeit tilgt.»[12] Von dieser thematischen Charakterisierung des Geistes hat sich das historische Denken daher auch wieder distanziert und damit den Weg gefunden, den Zeiten ihren eigenen Geist zu lassen.

Die von Hegel ausgebildete Idee von der Einheit der gesamten Weltgeschichte ist in vieler Hinsicht nur eine Folge der genannten und spezifisch von ihm entwickelten Auffassungen, aber diese Idee ist doch auch ein ganz für sich stehendes und neues Moment, das in die moderne Geschichtsbetrachtung eingegangen ist. Der eigentliche Wert dieser Vorstellung von der Einheit der Geschichte liegt in der Forderung nach dem Verständnis der Sinneinheit in der geschichtlichen Entwicklung. Wenn man dabei auch wieder Anklänge an die christlich-mittelalterliche Tradition findet, da man von Augustinus und Orosius bis hin zur Schedelschen Weltchronik von 1493 die Geschichte nur als den einheitlich überschaubaren Weg vom Sündenfall bis zum Jüngsten Gericht ansah, so ist doch auch bereits auf den ersten Blick erkennbar, wie revolutionär Hegels Schau vom einheitlichen Gang des Geistes in der Geschichte war, da er gerade auf die heilsgeschichtliche Leitlinie verzichtete. Daß dieser Gedanke am Anfang des 19. Jahrhunderts in der Luft lag, zeigt auch Wilhelm von Humboldts Wort, das Ziel der Geschichte könne «nur die Verwirklichung der durch die Menschheit darzustellenden Idee sein»[13], doch hat erst Hegels konkrete Darlegung vom Gang des Geistes durch die Geschichte ein Bild geschaffen, das die Moderne zum neuen Durchdenken der Geschichte anregte. Erst durch Hegel ist so das Verständnis der Geschichte als eines in sich zusammenhängenden Weltprozesses erschlossen worden, erst seit ihm ist die Darlegung einzelner Ereignisse im Kontext der Gesamtentwicklung möglich, und erst seit ihm erscheint die Geschichte wichtig genug, um als Lebenseinheit erfaßt zu werden. Das physikalische Weltbild des 20. Jahrhunderts vermochte zwar das homozentrische Weltbild des Idealismus zu entthronen, aber doch das aus dem historischen Denken erwachsene Weltverständnis nicht einfach zu ersetzen.

Freilich sind die hier kurz umrissenen drei Momente, die Hegel in das moderne Geschichtsdenken eingebracht hat, in der Gestalt nicht praktikabel, in der der Philosoph sie hinterließ; sie sind voller Willkür und voll von Gefahr. Denn bei Hegel ist das Denken über die Geschichte zu einem System der Philosophie geworden. In knappster Form zusammengedrängt ist darauf zu antworten, daß die hier vorgestellte Form des übermenschlichen Aspektes als eines selbsttätigen Stufenganges der Freiheit den Menschen nur in die Zwangsjacke der Dialektik steckt und die Geschichte einer problematischen Endzeiteuphorie unterwirft. Die Setzung von Zeit und Geist als abstrakte Kräfte, die sich durch ihre eigenständige Aufeinanderbewegung zur letzten Vereinigung steigern, ist bei Hegel jedenfalls noch eine idealistische Konstruktion, die jeder praktischen Kenntnis vom Gang historischer Entwicklungen ins Gesicht schlägt. Und seine Projektion der Einheit der Geschichte als Weltgeschichte der Freiheit hat nach dem religiösen und dem rationalistischen Monismus der Welterklärung nur einen historisch-idealistischen Monismus geboren, durch den das Denken in historischen Zusammenhängen eine neue Form des Unverständnisses der Welt darstellt. So ist durch Hegel die Geschichte zu einem neuen Mythos geworden und damit wissenschaftlich gerade in jenes Dunkel zurückgefallen, dem man mit Hilfe des Verständnisses für Geschichte entrinnen wollte. Aber Napoleon hat auch dann einen ersten Platz in der Geschichte, wenn er nicht zum Pförtner des Zeitalters der Freiheit deklariert wird, sondern nur als derjenige erscheint, der die mannigfachen Möglichkeiten der historischen Entwicklung in Europa zu den konkreten Fragen des 19. und 20. Jahrhunderts verdichtete: nämlich zur Frage nach dem weiteren Weg der Revolution, zur Frage nach der Intensivierung der Technik, zur Frage nach der Funktion der Kultur in der Massengesellschaft, ferner zur Frage nach der Bedeutung des Staates in der demokratischen Gesellschaft, die sich weiter daraus ergebende Frage, wie das vorhandene Konglomerat von Staaten, Völkern und Staatsformen geordnet werden sollte und schließlich die letzte Frage, wie diese Ordnung in einer europäischen Einheit zusammengefaßt werden könne. Im Résumé wird man von Hegels gewalttätiger Vision der Welt als Geschichte sagen müssen, daß sie für den Philosophen zu historisch, für den Historiker aber zu philosophisch ist. Im Bereich der Philosophie hat Karl Marx das von Hegel vorgebildete Schema realistischer aufgefüllt, während es für Schopenhauer, Kierkegaard und Nietzsche überhaupt zum Anlaß wurde, die Geschichte als einen möglichen Zugang zum Weltverständnis abzulehnen, weil durch Hegel zum Schaden für die Menschheit die «Erscheinung für das Wesen an sich gehalten» werde.[14] Der Historiker hingegen kommt um die Feststellung nicht herum, daß die wirklich geschehene Geschichte, die Bedeutung ihrer Entscheidungen und die Wirksamkeit der historischen Kräfte für Hegel eigentlich uninteressant waren. Er betrachtet die Geschichte als eine Schau seines eigenen Geistes, nicht als das Gegenstück zur individuellen Lebensform.

Aber wie ein Kunstwerk seine überzeitliche Geltung erst erweist in der Disponibilität, es in die Sprache der verschiedensten Zeiten und Stile zu übertragen, so sind analog auch philosophische Einsichten transponierbar, und das heißt ablösbar von ihrem ursprünglichen System – insofern behält Valérys Wort über die Philosophien als Kunstwerke seine Richtigkeit. Aus der Umwandlung der hegelschen Positionen ergaben sich erst jene grundsätzlich neuen Aspekte, die das moderne historische Denken begründeten, die diesem Denken mit den Vorstellungen von der Geschichtlichkeit des Daseins, der Geschichte als Zeit und Geist und der Geschichte als Sinneinheit die Basis und die Mittel zu seinem Aufschwung verliehen haben und die schließlich auch diesem Denken die Rechtfertigung gaben, den Anspruch auf Autonomie des Menschen in seinem weltlichen Dasein aufzubauen. Erst durch diese von Hegel geschaffenen Voraussetzungen besaß das historische Denken die ausreichende Gravität, um der geistigen Entwicklung des modernen Menschen einen Gewinn und eine Steigerung seines Selbstbewußtseins vermitteln zu können. Denn der von Hegel kommende Anstoß zur Erfassung einer der Geschichte selbst innewohnenden Beweglichkeit und Sinnhaftigkeit hat einerseits die außergeschichtlich orientierten Einteilungen und Verstehensversuche vom alttestamentlichen Buch Daniel bis zu Spengler hin ad absurdum geführt; andererseits aber hat Hegels Vorstellung von der aus ihren innerweltlichen Bedingungen sich ergebenden Geschichte auch den irrealen und nicht menschengemäßen Hoffnungen, hier zu paradiesischen Zuständen und zur Erneuerung von ursprünglichem Frieden und Glück zu gelangen, den Boden entzogen. Zwar hat Hegel selbst in seiner Geschichtsphilosophie einen solchen Zustand des ungeschichtlichen Glücks postuliert, aber indem er davon ausging, daß die Erreichung dieses Zieles nur das Ergebnis eines ausschließlich aus der Geschichte erkennbaren Prozesses sei, machte er doch die Bahn frei für das Postulat des historischen Denkens, daß Geschichtliches nicht durch außergeschichtliche Beweggründe erklärt werden könne. Die Geschichte hat also durch Hegel einen unmittelbaren, einsichtigen und realisierbaren Weltbezug erhalten.

Dieser wichtige Zugewinn aus der hegelschen Geschichtsbetrachtung führt gleich zur weiteren Feststellung, daß erst diese geschichtlich verstandene Zeit, d. h. die geschichtlich angefüllte und historisch charakterisierte Zeit ihren eigentlichen Bezugspunkt im Menschen hat, in seiner besonderen Stellung und seiner weiterführenden Leistung in der Welt. Mag auch Hegel selbst in seiner abstrakten Geschichtssystematik dem Menschen nur eine sekundäre und dienende Rolle zugesprochen haben, so lag doch immerhin soviel in seiner philosophischen Intention, daß die immer intensivere Annäherung von Zeit und Geist schließlich dem Menschen zugute kommen und im Menschen seine Repräsentation finden sollte. Der Mensch ist es jedenfalls, der in seiner geistigen Gestalt, seinem geistigen Vermögen und in seiner geistigen Selbständigkeit durch diese Prüfung in der Zeit zum Mittelpunkt des Interesses wird. Und mit dem vertieften Verständnis für seine geschichtswirksame Entscheidung gewinnt überhaupt die Gegenwart zwischen Vergangenheit und Zukunft eine aktive Bedeutung für den Gesamtzustand der Welt. Hier zeigt sich aber nochmals, inwiefern das hegelsche Verständnis der Geschichte als Zeit und Geist umfassender ist, als das von Meinecke als Individualität und Entwicklung herausgearbeitete, weil dieses eigentlich allein auf die wissenschaftliche Erschließung der Vergangenheit ausgerichtet ist. Dieser Aspekt hat sich aber im 20. Jahrhundert als nicht ausreichend für die Belebung des Interesses an der Geschichte erwiesen.

Damit liegt im neuen Verständnis der Geschichte als Zeit und Geist überhaupt der wichtigste Fortschritt, den Hegel ermöglicht hat. Denn erst indem der Geist sich in der Zeit spiegelt und die Zeit ihrerseits im Geist zur Geschichte wird – gleichviel ob als Fortschritt oder als Ausdruck –, gewinnen sowohl Geist wie auch Zeit ihre Sichtbarkeit, ihren realen Wert, auch eine allgemeine Verständlichkeit, und erst auf diese Weise entsteht schließlich für den Menschen die Möglichkeit, sich geistig in der Zeit zu orientieren. Man kann sagen: bevor Hegel die Begriffe Zeit und Geist miteinander verbunden und sie als Geschichte zu verstehen gelehrt hat, waren sie leer, unmenschlich und ohne faßbaren Zusammenhang mit der Welt. Dies alles aber führt uns zu der Schlußfeststellung, daß der eigentliche Charakter und der spezifische Gewinn von Hegels neuem Geschichtsverständnis darin liegt, die Geschichte als die Form der Weltzugewandtheit des Menschen herausgestellt zu haben. Soweit sie für die Geschichte von Bedeutung ist und als Geschichte erscheint, ist die Zeit des Menschen der Welt zugewandt. Zeit und Zeitbewußtsein des Menschen sind also in ihrer historischen Relevanz eine Form der Weltorientierung. Sie sind ebenso Bewußtsein von der Welt im Sinne des Zugangs zu ihr, wie auch im Sinne der Distanz zu ihr. Zeitbewußtsein vermittelt das Ermessen dessen, was in der Geschichte möglich, und ein Wissen davon, was in ihr unerreichbar ist. Dieses Bewußtsein ist aber die Grundlage für die Autonomie, die der Mensch des 19. und 20. Jahrhunderts in seinem Verhältnis zur Welt gewonnen und behauptet hat.

So wird es, alles in allem gesehen, nicht übertrieben sein, die Geschichtsbetrachtung Hegels innerhalb der geistigen Entwicklung als ebenso revolutionär zu bezeichnen wie die politischen Ereignisse des Jahres 1789 in Frankreich. Hegels Nachfolger in der Philosophie haben zwar auch noch seinen idealistischen Intellektualismus abgestreift und die Philosophie ganz auf die Basis des Voluntarismus gestellt. Dennoch wird man vielleicht mit größerem Recht als in Nietzsches Voluntarismus in der historischen Philosophie Hegels die Umwertung aller Werte in Angriff genommen sehen. Denn der wichtigste Grundsatz, der sowohl der antiken wie auch der christlich-abendländischen geistigen und materiellen Kultur eigen war, lag doch in der Trennung von Geist und Wirklichkeit, von Ewigem und Zeitlichem, von Diesseitigem und Jenseitigem. Wenn Hegel nun den Geist in die Zeit verlegte und ihn in der Welt zur Wirklichkeit gebracht sehen wollte, so muß man in dieser Vorstellung den entscheidenden Protest gegen diese Tradition und zugleich auch den revolutionären Umsturz in der modernen Geistesentwicklung sehen. Auch wenn das nachfolgende historische Denken im Bereich der Geschichtswissenschaft die These Hegels nicht mitvollzog bis zur letzten Konsequenz, daß die Umsetzung von Geist in Politik inauguriert und die Idealität der Welt in ihrem Endzustand postuliert wurde, so stellte Hegels Philosophie doch ein Faktum in der modernen Geistigkeit dar, hinter das niemand mehr zurückkonnte. Nolens volens setzt sich seit dem Beginn des 19. Jahrhunderts die geistige Welt mit seiner Vorstellung von Zeit und Geist auseinander und versucht, die hier getroffene Verbindung in der Realität der Geschichte zu erforschen, zu verstehen und daraus das Leben neu zu gestalten.

b) In weltabgewandter Weise bei Augustinus und Heidegger

Hegel hat das moderne, autonomistische Geschichtsdenken begründet durch die Aufeinanderbeziehung von Zeit und Geist. Er überwand damit die religiöse Gleichgültigkeit gegenüber der Zeit, die nach Bossuet von Gott ohnehin schon vorherbestimmt ist, wie auch Voltaires kulturphilosophische Tautologie, die in jeder Zeit einfach den Geist der Zeiten betrachten und sich nur dem widmen wollte, was die Aufmerksamkeit aller Zeiten verdiene; Hegels Auffassung erkannte in der zur Geschichte gewordenen Zeit vielmehr ein absolut neues und weltbestimmendes Geschehen. Aber Hegel hat natürlich den zwischen Zeit und Geist bestehenden urtümlichen Zusammenhang nicht an sich erst entdeckt, eher könnte man sagen, er habe ihn in einer originellen Weise wieder ins Bewußtsein gerufen und dann mit einem speziellen Bezug auf die Geschichte zu neuer Wirkung gebracht. Denn an sich ist das Verständnis für den Zusammenhang von Zeit und Geist eigentlich nichts anderes als eine Umkehrung der natürlichen, viel häufiger erfaßten und empfundenen Affinität zwischen Zeit und Leib, in der der Mensch die Zeit im wesentlichen als das Moment betrachtet, das den Vorgang des Alterns und Verfallens seines Leibes bedingt. Wenn es also seit Heraklit Denker gibt, die dieser augenscheinlicheren Beziehung zwischen Zeit und Leib die andere Beziehung zwischen Zeit und Geist entgegenstellen, so liegt darin nichts anderes als der Versuch, dem Leben durch eine solche ins Positive gewendete Beziehung der Zeit zum Geist die letztmögliche Ausschöpfung abzuringen. Das Besondere, das dabei Hegels Inbeziehungsetzung von Zeit und Geist kennzeichnet, ist also dies, daß sie einerseits nicht für den einzelnen Menschen, sondern für die in der Geschichte lebende gesamte Menschheit Geltung haben soll, und andererseits dies, daß hier der Wert der Zeit erhöht wurde durch die Betrachtung als geisterfülltes Geschehen in der Welt.

Dieses Besondere bei Hegel und die Folgen für das Verständnis der Geschichte können wir noch besser erfassen, wenn wir hier eine Darlegung einschieben über zwei Philosophen, die auch diesen engen Zusammenhang von Zeit und Geist empfunden haben, aber denkerisch zu einem ganz anderen Ende kamen. Bei aller Verschiedenheit, die zwischen dem Denken des Aurelius Augustinus von Hippo und demjenigen Martin Heideggers vorherrscht, ist den beiden Philosophen doch dies gemeinsam, daß sie im Gegensatz zu Hegel das natürliche Lebensverständnis des Menschen an Intensität wie auch an Extensität zu steigern suchen, indem sie den Zusammenhang von Zeit und Geist als eine Form der Introversion und Weltabgewandtheit des Menschen aufzeigen. Damit ist schon eine weitere große Differenz zwischen diesen zwei Philosophen und Hegels Zeitverständnis angesprochen: denn bei ihnen wird die Zeit-Geist-Beziehung nicht als eine abstrakte gesehen, die dem Menschen in der Form der Geschichte über den Kopf gestülpt wird, sondern Augustinus und Heidegger gehen eigentlich nur der Frage nach, wie sich das bedrängende Zusammenwirken von Zeit und Geist im Menschenwesen, also individuell, abspielt.

Für das Verständnis der Zeit hat sich Augustinus, der auf die Altäre erhobene Kirchenvater der katholischen Kirche, im wesentlichen zwei Zugänge geschaffen; wir können beide praktisch bereits den ersten Sätzen des elften Buches seiner «Confessiones» entnehmen, wo es heißt: «Als ob Du, Herr, da die Ewigkeit Dein ist, nicht wüßtest, was ich Dir sage, oder zur Zeit nicht sähest, was in der Zeit geschieht! Warum erzähle ich Dir also der Reihe nach all die vielen Dinge? Wohl kaum, damit Du sie durch mich erfährst; mir ist vielmehr darum zu tun, meine Regung zu Dir zu erwecken. . .»[15]

Der eine Zugang liegt darin, sich selbst das in der Zeit Geschehene und Getane bewußt zu machen, also zu versuchen, das Vorher und Nachher in Beziehung zu setzen mit der eigenen Intention und damit zum Selbstbewußtsein zu gelangen. In diesem Sinne ist die Zeit und alles Zeitliche dazu da, um im Geiste erfaßt und als Geistiges gewogen zu werden. Aber eben durch diese Bewußtmachung des Zeitlichen wird ihm die Zeit etwas so Universales und die ganze Existenz des Menschen Umgreifendes, daß sie selbst nur in der Potenz des Geistes gewürdigt und vollkommen verstanden werden kann. Zeit ist ihm daher nichts automatisch Ablaufendes, nicht nur als Quantität Meßbares oder als Bewegung Faßbares; man kann sie nicht zählen und damit ablegen, sondern sie erhält je nach dem Grade ihrer geistigen Potenz ihre für den Menschen eigentliche Qualität. Vice versa erscheint aber nun der Geist, bzw. das Geistige nicht einfach als etwas in der Welt allgemein Vorhandenes, sondern es erscheint vielmehr als eine *jeweils* im Gedächtnis, im Bewußtsein, im Eindruck und im Empfinden aufscheinende Kraft, ein Bestandteil jeder Existenz. Das Geistige verwirklicht sich als Gegenwart. Demgemäß gibt es für Augustin nicht die drei Zeitformen der Vergangenheit, Gegenwart und Zukunft, sondern alle drei Formen sind nur Extensionen des geistigen Ich. «Denn diese drei sind in der Seele und anderswo sehe ich sie nicht. Die Gegenwart des Vergangenen ist die Erinnerung, die Gegenwart des Gegenwärtigen ist die Anschauung, und die Gegenwart des Zukünftigen ist die Erwartung.»[16] So ist die Zeit zwar Ausdehnung, aber eben nichts anderes als die Ausdehnung des Geistes. Augustinus formuliert es so: «In Dir, o mein Geist, messe ich die Zeiten . . . Den Eindruck, den die vorübergehenden Dinge auf Dich machen, und der, wenn sie vorübergegangen sind, bleibt, den messe ich als gegenwärtigen, und nicht die Dinge, die vorübergingen und ihn entstehen ließen. Ihn messe ich, wenn ich Zeiten messe. Also sind die Zeiten entweder dieser Eindruck oder ich messe die Zeiten nicht.»[17] Alles Vorübergehende, Zeitliche und schließlich die Zeit selbst wird also hier Geist, wird Zuwachs des Menschen und vermehrt Wissen, Erfahrung und Erfüllung. Freilich, eine solche Zeitverwandlung in Geist und Ich braucht, um nicht hybrid zu werden, ihr Korrelat.

Nach diesem Aufbruch und Aufsteigen des Menschen aus der in seinem Geist sich vollziehenden Zeit kommen wir damit zum zweiten Zugang des Aurelius Augustinus zur Zeit, den man im Vergleich zum gerade erörterten subjektiven den objektiven und damit eigentlichen Zugang bezeichnen könnte. Denn im Menschen vollzieht sich zwar die Zeit, aber Gott hat sie geschaffen und er schafft sie unentwegt. Da die ständige Potenzierung des Lebensgefühls und des Geistes im Widerspruch zu den Mängeln der menschlichen Existenz steht, ist diese Wirkung der Zeit, ja ihr Entstehen nur von außen her zu begreifen, als Akt Gottes, als Schöpfung. Wohin sollte schließlich in dieser indivudalistischen Auffassung der Zeit auch der ständige Zuwachs des Menschen gehen, wenn nicht dahin, woher er kommt, eben zu Gott. «Ich bin zerspalten in Zeiten, deren Ordnung ich nicht kenne, und durch stürmische Wechselfälle werden meine Gedanken zerrissen ... bis ich in Dir verschmelze.»[18] Also ist die Zeit nach Augustinus erst zu verstehen und richtig zu gebrauchen in der Abwendung von der Welt und der Hinordnung zu dem, was sich im Menschen und durch den Menschen als göttliche Schöpfung vollzieht. Die Zeit ist also schließlich das Sein Gottes, das nur als beständige Schöpfung erklärt werden kann. «So gab es also niemals eine Zeit, in der Du nicht etwas schufst, weil Du die Zeit selbst geschaffen hast». Die Menschen sollen daher einsehen, «daß es keine Zeit ohne Schöpfung geben kann... Auch mögen sie nach dem streben, was vor ihnen liegt und einsehen, daß Du vor allen Zeiten der ewige Schöpfer aller Zeiten bist[19].» Das Dasein des Menschen in Zeit und Geist ist also ein Rückgang oder wenigstens eine ständige Rückbeziehung – diese religio ist der Inhalt des ganzen christlichen Zeitverständnisses – zu Gott, dem die Schöpfung gehört und gehorcht. Die Zeit geht zwar zur Zukunft, aber diese liegt nicht in der Welt, wie bei Hegel, sondern als Teil der ewigen Schöpfung in der Ewigkeit.

Damit aber nicht genug des Neuen und Revolutionären bei Hegel, das uns im Spiegel des Zeitverständnisses von Augustinus aufleuchtet. Die totale Wandlung im Zeitverständnis bei Hegel greift noch tiefer, wenn man sieht, daß Augustinus nicht nur den Zeitbegriff des Christentums formuliert hat, sondern daß dieser eigentlich nur eine höchst sublimierte Form des ganzen mythologisch geprägten antiken Zeitverstehens ist. Gewiß hat gerade Augustinus die Vorstellung von sich gewiesen, daß die Zeit im Sinne der jahrhundertelangen Bestrebungen einer antiken Kalenderbildung an der Bewegung der Himmelskörper zu messen sei; er hat das innere Maß der Schöpfung von Neuem und Gutem als das eigentliche Maß empfunden. Doch verschlägt dieser Unterschied wenig, wenn man ins Auge faßt, daß bei der Errechnung und Ansetzung der Monate, Wochen und sogar Stunden in der Antike religiöse Vorstellungen und die Bewegung der Himmelskörper miteinander identisch waren. So lag der Beginn der Stundenzählung für die Tagesstunden bei Sonnenaufgang, und die Sonne selbst gab an der Sonnenuhr den Stundengang als einen zelebralen Vorgang an, während die Nachtstunden nicht gezählt wurden. Bis ins späte Mittelalter hinein hat man folglich auch die Stunden nicht nach der Zahl gemessen, sondern nach den gottesdienstlichen Verrichtungen zu den sieben kanonischen Stunden, der Matutin, der Prim, der Terz usw., und noch heute bezeichnet die mittelalterliche Non in England als «noon» die Mittagszeit. Für die Zählung der Jahre, Monate und Wochen kann man die praktisch das ganze antike Brauchtum zusammenfassende Aussage des englischen Geschichtsschreibers Beda Venerabilis aus dem 8. Jahrhundert als verbindlich ansehen, wo es heißt, das Jahr sei durch die Natur, die Monatslänge durch den Usus und die Wochenlänge durch die Autorität festgelegt.[20] So ist unsere Woche jüdischen Ursprungs aufgrund der Mahnung des Alten Testaments: «Sechs Tage sollst du arbeiten, aber am siebenten Tag ist der Sabbat des Herrn, deines Gottes.»[21] Die Einteilung der Monate richtet sich nach dem Wandel des Mondes. In den ältesten Zeiten Roms hatte der Pontifex minor die Neusichel dem König zu melden und dann die Opfer und Gebete des Volkes anzusetzen. Die Jahreszählung knüpft sich aber seit ältesten Zeiten an die vorgestellte Erneuerung von Fruchtbarkeits-Licht-Herrschaftsperioden, die folglich auch kultische Höhepunkte mit sich brachten, handle es sich nun um das ägyptische Niljahr als Feier des Anfangs der Nilschwemme, oder um die jüdische Feier des Pressachopfers. Im antiken Griechenland knüpft eine erste Zeiteinteilung in Achtjahreszyklen an die Vorstellung neuer Herrschaftsübertragung durch Zeus an Minos an, und eine zweite Einteilung nach Vierjahresperioden, den Olympiaden, wurde verbunden mit der Hochzeitsfeier des Zeus. Bei den Germanen war die Wintersonnenwende als Wiederkehr des Lichts zugleich der Beginn des neuen Jahres. Das Kirchenjahr beginnt am ersten Advent mit der Ankündigung der Geburt Christi, weshalb die Feier des Neujahres am 1. Januar vom Konzil zu Tours im Jahre 576 mit der Exkommunikation bedroht wurde. In Moskau, dem dritten Rom und Nachfolger des byzantinischen Reiches wurde der Jahresanfang am 1. September, dem offiziellen Anfang des byzantinischen Kaiserreiches gefeiert, und noch der französische Revolutionskalender erinnert mit seinem Jahresbeginn am 22. September, dem gleichzeitigen Herbstbeginn, an den alten Fruchtbarkeitskult. So ist in der ganzen antiken Welt die Festsetzung der zu rechnenden Zeit verbunden mit Opfern und Festen, und die Einführung von Schaltjahren dient dazu, die Differenz zwischen Mondzeiten und Lichtzeiten auszugleichen, also die sinnwidrige Verschiebung von Opferfesten zu verhindern und so die Bindung zwischen der Zeit und ihrem religiösen Sinn aufrechtzuerhalten. In diesem Sinn war also auch für die antike Welt und ihre Kalenderrechnung die Zeit ein Akt göttlicher Schöpfung oder Stiftung, und wenn man auf Augustin zurückkommt, kann man feststellen: der Gott ist ein anderer geworden für Augustinus, aber die zeitenstiftende Wirkung ist für ihn dieselbe wie für die Göttervorstellung der Antike.

Für den modernen Menschen hat die Zeitvorstellung diesen religiösen Sinn verloren. Im 19. Jahrhundert setzt sich eine gleiche Zeitrechnung in der ganzen Welt durch. Zwar hat der Papst die Kalenderreform vorgenommen, aber deren Annahme war ein Akt staatlicher Dekretierung und ein Erfordernis der Praxis. Es steht in Analogie zu diesem totalen Wandel in der Einstellung des Menschen zur Zeit, wenn sich auch im Bereich des Denkens die Zeit nicht mehr nur als eine Umformung aus der Religion, nicht nur als etwas Gegebenes und Hinzunehmendes zeigt, sondern als eine menschliche Setzung. Indem Hegel die Zeit nur als eine innerweltliche Realität betrachtet, die aus dem Fortschreiten eines innerweltlich gegebenen Geistes ihr Maß und ihre Form als Geschichte erhält, kann die Zeit nur mehr aus der Gestaltung der Welt ihren Sinn erhalten. Die Zeit ist ihr eigener Gott geworden, nämlich als Rechtfertigung über Rückschritt, Stagnation oder Fortschritt des Menschen und als Ordnung der Welt nach der Verwirklichung eines Menschenbildes, das der Mensch sich selber setzt. Die Weltabgewandtheit der Zeit und dessen, was in ihr geschieht, so wie es bei Augustins Vorstellung von der aus Gott geschöpften Zeit begegnet, ist aufgehoben, und ein neuer Äon beginnt.

Weltabgewandt, und das heißt ungeschichtlich, bleibt das Verständnis der beiden höchst welthaften Begriffe Zeit und Geist aber auch in der individualistischen Philosophie, wie sie zuletzt im Existenzialismus Gestalt gewonnen hat. Wenn auch hier nicht mehr der überirdische Gott Quelle und Ziel der mächtigsten Lebensströme ist, die wir abstrakt in Zeit und Geist fassen, und wenn hier das Lebensverständnis folglich nicht mehr in der Religion zu Gott besteht, so bleibt das Lebensverständnis selbst doch monokausal, indem es eben die existenzial faßbare menschliche Erscheinung ist, in der Zeit und Geist ihren Grund und Zweck finden. Eigentlich geht es in diesem modernen Lebensverständnis nur mehr um das Zeitverständnis, weil im Existenzialismus Martin Heideggers das Geistige zum Medium des zeitlichen Daseins geworden ist – Heidegger sagt dazu: «Der Geist fällt nicht erst in die Zeit, sondern existiert als ursprüngliche Zeitigung der Zeitlichkeit.»[22] Da die Zeit durch die Entfaltung geistiger Möglichkeiten in der individuellen Existenz sich als Reflex des Seins spiegelt, ist das Dasein des Individuums in der Welt auch nicht aus der Spannung von Zeit und Geist zu erklären, sondern eben aus der Spannung von Zeit und Sein. Weil aber die evidenteren, jedoch nur oberflächlich erscheinenden Bezugsverhältnisse des menschlichen Daseins zum Leib und zum Geist zurückgenommen sind in das existenzielle Bezugsverhältnis von der Zeit des Menschen zum Sein des Menschen, können wir hier auch von einem weltabgewandten Zeitverständnis sprechen, das freilich in einem schreienden Kontrast zur Weltwirklichkeit des 20. Jahrhunderts steht. Zwar hat der Existenzialismus diesen Kontrast nicht hervorgerufen, denn in ihm wird schließlich nicht aus Provokation philosophiert, sondern aus der Tradition, ähnlich wie man in der modernen Musik von Reger bis Krenek glaubte, gegen Wagner zu protestieren, während man ihn doch nur fortführte und erst mit der Musik der reinen Klangbilder der völlige Bruch mit der Tradition sichtbar wird. Im Bereich der Philosophie ist der Kontrast zwischen dem existenziellen und dem politisierten Denken nicht mehr aufzuheben, er ist ein Kennzeichen des geistigen 20. Jahrhunderts geworden. Aber man wird davon ausgehen dürfen, daß der Kontrast nur entstehen konnte, weil im existenzialistischen Denken das politische vernachlässigt wurde, bzw. weil die Weltabgewandtheit des existenziellen Denkens den säkularisierten Grundvorstellungen der modernen Welt nicht entspricht.

Gehen wir nun diesem Zeitbegriff bei Heidegger näher nach, so stellen wir fest, daß er zunächst seinen eigenen, existenziellen Zeitbegriff von einem äußerlichen oder, wie er es nennt, «vulgären» Zeitbegriff abhebt. Maßgeblich für dieses «vulgäre» Zeitdenken, das Heidegger praktisch von Aristoteles bis hin zu Hegel im Schwange sieht, ist die Vorstellung von der Zeit als dem einfach Vorhandenen, in dem jedes Jetzt als Jetzt gerade dadurch, daß es verschwindet, Jetzt ist. Zeit wird also gewöhnlich nur gesehen als die Lückenlosigkeit und Ununterbrochenheit der Jetztfolge, was bei Hegel ausgedrückt wird als die Negation der Negation, nämlich der Punktualität.[23] Und die von Hegel als gegeben bezeichnete Beziehung zwischen Zeit und Geist ergibt sich für Heidegger wenigstens als möglich deshalb, weil auch der Geist in Hegels Darlegung eine Negation der Negation ist, nämlich die Negation der Negation des Ich. Heidegger selbst stellt diesen aus der Verwandtschaft der Definition naheliegenden Zusammenhang von Zeit und Geist in Frage, gerade weil nach seiner Auffassung der Geist in der Zeit, d. h. in der von ihm im Gegensatz zur Vulgärzeit als ursprünglich bezeichneten Zeit bereits existiere. Er will also einen neuen Zeitbegriff kreieren, denn was er in dem bloß «Gezählten, das ist das im Gegenwärtigen des wandernden Zeigers (Schatten) Ausgesprochene» vermißt, das ist die wesenhafte «Datierbarkeit, die Bedeutsamkeit, die Gespanntheit und die daseinsmäßige

Örtlichkeit». Durch deren Mangel sei auch die Vulgärzeit «zu einem unkenntlichen Fragment herabgesunken[24]». Zeit ist für ihn nicht nur das Zählen der äußeren Zeitbewegung, sondern vielmehr ein inneres, existenzielles Ausmessen des Daseins. Man könnte überspitzt sagen, nach Heidegger ergibt sich die Zeit durch die Bewegung der menschlichen Existenz in das Sein hinein, sie wächst aus dem existenziellen Engagement, gleich ob dieses in Empfindung, in Reflexion oder im Handeln besteht. Indem er so das Zeitproblem ausschließlich existenziell angeht, findet er das Dasein «gerade im alltäglich besorgenden Dahinleben ... nie als entlanglaufend an einer kontinuierlich währenden Abfolge des puren Jetzt», sondern die Zeit ist in diesem engagierten existenziellen Dasein eben verdeckt, sie kann auch Löcher haben, sie bewegt sich «je nachdem das Dasein gewärtigend im Besorgten aufgeht»[25]. Die «ursprüngliche» Zeit im Sinne Heideggers zeichnet sich also gerade nicht durch eine meßbare Erstreckung aus, sondern durch die erlebbare Intensität. Im Lichte eines solchen existenziellen Daseins ist die verbrauchte Zeit nur «ein Modus der je schon erschlossenen, ekstatisch erstreckten Zeitlichkeit» des Daseins überhaupt. In einem solchen Sinn existenziell erfahrenen und zeitlich durchlebten Daseins erscheint Zeit auch wiederholbar, umkehrbar, dehnbar, intensivierbar, denn herauswachsend aus der Existenz fällt sie schließlich mit der Existenz in eins. Weil die Jetztzeit «sich selbst erst in der uneigentlichen Zeitlichkeit des Daseins zeitigt, rechtfertigt es sich mit Rücksicht auf die Abkunft der Jetztzeit aus der Zeitlichkeit, diese als die ursprüngliche Zeit anzusprechen»[26].

Es ist nicht zu verkennen, daß diese Hereinnahme des Geistes in die Zeit und die Beziehung dieser geistig-existenziellen Zeit auf das Sein hin vielleicht der bedeutendste und intensivste Versuch in der neueren Philosophie ist, um den natürlichsten und sichtbarsten Bezug zwischen Zeit und Leib ins Positive zu transponieren und den verfallenden Charakter der Zeit für den Menschen damit aufzuheben. Mit der geisterfüllten Zeit wird auch der Leib ins Sein hineingehoben, die Beziehung zwischen Zeit und Sein wird die eigentliche Spannung des Lebens. Die existenzielle Zeit wird auf das existenzielle Sein hin orientiert, sie drückt sich als Sein aus – und hebt sich damit eigentlich auf. Denn die temporale Qualität des Seins bei Heidegger ist reine und ständige Gegenwart. Ihm fehlt die Zukunft, wie ihm auch die Welt fehlt. Die Wirkung der menschlichen Existenz erfolgt zwar in der Welt, aber nicht für die Welt. Die Zeit selbst ist damit auch keine Dimension der Welt, sie steht nicht zur Welt in Relation, sondern erschöpft sich eben im existenziellen Sein. Gerade indem wir diese Konsequenz ziehen, tritt aber die Einseitigkeit, ja Irrealität von Heideggers «ursprünglicher Zeit» deutlich vor Augen. Liegt Heideggers großes Verdienst darin, daß er die existenzielle Zeit ans Licht gebracht hat, so wird man es als problematisch bezeichnen müssen, daß er diese innere Zeit von der äußeren als dem Lauf der Welt trennt. Denn das zeitliche Dasein hat zwei Gesichter: Indem es unaufhaltsam voranläuft, schafft es unentrinnbare Tatsachen; indem die Zeit sich in beständiger Bewegung befindet, entsteht das unverrückbare, nur mehr zu akzeptierende Faktum der Wirklichkeit. Im zeitlich Werdenden und Gewordenen präsentiert sich die unabänderliche Realität der Welt.

Es ist nur eine notwendige Folge der Weltabgewandtheit von Heideggers Zeitverständnis, daß auch die Geschichte schließlich nur als Ausfluß und selbstverständliche Folge des existenziellen Daseins verstanden wird, nicht als eine Konfrontation der menschlichen Existenz mit den Gegebenheiten der historisch gewordenen und historisch sich entwickelnden Welt. Denn aus der Feststellung «Als geschichtliches ist das Dasein nur möglich auf dem Grunde der Zeitlichkeit», wird gefolgert: «Primär geschichtlich ist das Dasein, sekundär geschichtlich das innerweltlich Begegnende», also die eigentlich geschichtliche Welt,[27] und damit ist für Heidegger das Leben des Menschen in der Geschichte nur eine Ableitung des total zeitlich, existenziell und individuell verstandenen Daseins. Da das gemeinsam begegnende, also historische Geschehen nur als eine Übertragung des individuellen Geschehens verstanden wird und nicht als die Folge der allgemeinen Entwicklung, ist für Heidegger auch die Geschichte nur abgeleitete Existenzform. Sie verläuft innerhalb der existenziellen Zeitlichkeit jeglichen Daseins und wird daher aus diesem Dasein selbst mehr oder weniger verständlich. Geschichtlichkeit und auch Geschichte ergeben sich aus dem das Dasein besorgenden Sein von selbst, sie sind Folge und Form desselben. Das Werden geht als Alltägliches, als Besorgen im Sein auf und die Geschichte wird damit zum Entwurf von Sein, die Geschichtswissenschaft zur Prüfung des Dagewesenen auf seine Existenzmöglichkeit hin.

Heidegger definiert: «Die Geburt der Historie aus der eigentlichen Geschichtlichkeit bedeutet dann: die primäre Thematisierung des historischen Gegenstandes entwirft dagewesenes Dasein auf seine eigenste Existenzmöglichkeit.»[28] Hier hat also das existenzialistische Zeitverstehen ein individualistisches Geschichtsverstehen geboren, bei dem eigentlich die Geschichte als ein tragender Bestandteil des menschlichen Daseins eliminiert ist. Denn auch hier werden tragende Momente des modernen Geschichtsverstehens, wie sie Hegel erstmals herausgestellt hatte, unbeachtet gelassen, nämlich die Tatsache, daß die durch die Geschichte geschaffene und als Geschichte existierende Welt eine das individuelle Dasein übergreifende und in sich einbeziehende Wirklichkeit ist und zum andern die Tatsache, daß das Leben des Individuums in der Geschichte ein Dasein unter den Bedingungen sozialer Verhältnisse und Ordnungen ist. Die geschichtliche Wirklichkeit des 20. Jahrhunderts, die das individualistische Denken und das individualistische Zeitalter hinter sich gelassen hat und eine Welt des allgemeinen politischen und sozialen Bewußtseins schuf, hat sich bitter gerächt gegen diese Außerachtlassung der elementaren Gegebenheiten der Geschichte; zu bitter möchte man sagen, indem sie über alle Philosophie hinweg zur völligen Politisierung des Menschen vorangeschritten ist, in der der Mensch schließlich überhaupt nicht mehr in seiner individuellen Existenz, sondern nur mehr in seiner politischen Funktion gesehen und geachtet wird. Die Formung des individuellen Weltbildes durch die Medien, die politisch-ausgeklügelte Gestaltung von Konzertprogrammen, die Orientierung der politischen Sprache an den Wahlprognosen der Demoskopie: dies alles sind nur ein paar Hinweise auf die in allen Lagern vollzogene totale Poltisierung des Menschen. Die Weltabgewandtheit des Verständnisses von Zeit und Geist im Existenzialismus hat keinen Damm gegen solche Entwicklungen aufgerichtet.

Diese Betrachtungen über Augustinus und Heidegger zeigen, daß der Zusammenhang von Zeit und Geist in der Philosophie immer wieder auftaucht, daß er ebenso uralt wie brandneu ist. Erst aus diesem Zusammenhang ergibt sich der Weg zur Geschichte, während in der Einzelbetrachtung von Zeit oder Geist gerade das Gechichtsverständnis offen bleibt.

Dies legt ein kurzer Blick auf die Philosophie von Henri Bergson dar, bei dem die Zeit zwar als Motor und als die kreative Potenz alles Lebens erscheint, aber im Grunde gestaltlos und gehaltslos bleibt, eine Form ohne Wesen. Denn auch Bergson hat versucht – insbesondere in seinem Hauptwerk «Schöpferische Entwicklung» –, das Zeitverständnis als bloße äußere Form eines automatisch ablaufenden naturgesetzlichen Mechanismus zu überwinden, die Entwicklung als die eigentliche Lebensform zu erfassen und im zeitlich-kreativen Werden das Leben als eine ständige Projektion des Vorhandenen in ein Neues hinein zu erkennen. «Das Leben aber ist Entwicklung. Jede Periode dieser Entwicklung fassen wir in eine wandellose Ansicht zusammen, die wir Form nennen; und wenn die Veränderung groß genug geworden ist, diese wohltätige Erstarrung unserer Wahrnehmung zu überwinden, so sagen wir, der Körper habe seine Form verändert. In Wirklichkeit jedoch ändert der Körper seine Form in jedem Augenblick. Oder besser, es gibt keine Form, da Form ein Unbewegtes ist, Wirklichkeit aber Bewegung. Real ist einzig die kontinuierliche Formveränderung.» Aus der unumgänglichen Erfahrung, daß die Dinge sich im Werden vollziehen, ergibt sich für Bergson die Vorstellung, daß das Sein überhaupt ein unendlicher, gestalthaft nicht faßbarer Prozeß ist, denn wenn jegliche Zukunft daran gebunden ist, der Gegenwart nachzufolgen, so deshalb, «weil sie im gegenwärtigen Moment noch nicht völlig determiniert ist, und ... wenn die von dieser Folge ausgefüllte Zeit mehr ist als Zahl, wenn sie für das in sie eingesenkte Bewußtsein absoluten Wert und Realität besitzt, (dann) ... darum ..., weil sie unaufhörliches Schaffen von Unvorhergesehenem und Neuem ist»[29]. Es ist klar, daß es sich bei dieser Vorstellung Bergsons um einen Prozeß um des Prozesses willen handelt. Dieses Werden hat keine Mitte und keinen Charakter, es hat auch keinen anderen Sinn als den, immer neues Werden hervorzuschleudern, wobei der Mensch nur die Funktion hat, diesen Prozeß kraft der ihm eigenen, sich entwickelnden Natur zu betreiben. So gibt es bei Bergson nicht nur keine Geschichte mit eigentümlichen Voraussetzungen und Sinneinheiten, sondern auch keine Lösung aus dieser totalen Zeitlichkeit der Existenz. Der Mensch bleibt nur Instrument der Zeit in deren selbstschöpferischem perpetuum mobile. Aber Geschichte ist mehr als nur zeitliche Dynamik. Später hat Bergson seine Vorstellung von der Prozeßhaftigkeit des Lebens auch auf den Menschen übertragen, auf sein Gedächtnis und seinen Geist. Er hat Geistigkeit als Intuition begriffen und sie darin gesehen, daß sie kontinuierlich sei und «in der Dauer denke«. In diesem ständigen geistigen Prozeß verliert die Zeit ihren Zusammenhang nicht mehr, sondern erhält – nun in einem ganz weltlichen und unreligiösen Sinn – den Charakter der Schöpfung, ohne daß freilich ein Ziel sichtbar würde. Er sagt: «Intuition, mit einer Dauer verbunden, bedeutet inneres Wachstum, sie gewahrt in ihr eine ununterbrochene Kontinuität von unvorhersehbarer Neuheit, sie sieht, sie weiß, daß der Geist über sich selbst hinaus zu wachsen vermag, daß die wahre Geistigkeit gerade darin besteht, und daß die vom Geist durchdrungene Wirklichkeit Schöpfung ist.»[30] Was ihm früher die Lebensschwungkraft war, das ist ihm später die Intuition geworden. Aber es ist klar, daß es ihm dabei nicht um die Korrespondenz von Zeit und Geist und das daraus entstehende Faktum geht, sondern um den Werdestrom, der in seinen Ergebnissen eigentlich bedeutungslos ist. Nicht wie aus Zeit *und* Geist Geschichte wird, also Repräsentanz und Form, Faktum und Bedingung, sondern wie aus dem zeitlichen *oder* dem geistigen Werdestrom Leben entsteht, das Neues und Unbekanntes heraufführt und insofern Schöpfung genannt wird, das interessiert Bergson.

Die vorangegangenen Darlegungen über Hegel, Augustinus und Heidegger haben gezeigt, daß ein Verständnis für Geschichte erst aus einem Lebensverständnis entsteht, in dem Zeit und Geist miteinander im Zusammenhang stehen, und die Darlegung über Bergson hat dies noch bestätigt. Freilich führt dieser Zusammenhang erst dort zur Geschichte, wo Zeit und Geist auf die Welt bezogen sind und ihre Korrespondenz in der Welt vollzogen wird, während in jenen Vorstellungen, in denen Zeit und Geist und ihre Korrespondenz der Welt abgewandt erscheinen, die Geschichte eigentlich nur die Bedeutung einer Kulisse hat. Indem wir dieses Fazit aber unterstreichen, sind wir zu dem Eingeständnis gezwungen, daß die Betrachtung der Geschichte vice versa doch irgendwie, irgendwann und irgendwo in der Philosophie ihre Wurzel hat und folglich auch eine

Aussage von philosophischer Bedeutung zeitigen muß. Das Problem lautet also, in welcher Form und in welchem Ausmaß die Geschichte einen philosophischen Aspekt hat. Hegel hat diese Frage prompt damit beantwortet, daß er die Geschichte überhaupt als die wirkliche Philosophie erklärte und somit der philosophischen Idee vom Wert des geschichtlichen Daseins auch gleich das Bild vom geschichtlichen Kosmos hinzufügte. Aber mit dieser Vermischung wurde dem Verständnis der Geschichte wenig gedient, und die eigentlichen Vertreter der historischen Wissenschaft haben die Lösung auf anderem Weg gesucht. Weder haben sie zuerst die Idee ergriffen und sich darauf das Bild zurecht gemacht, noch haben sie das Bild um einer Idee willen zurechtgerückt, sondern sie haben zuerst mit wissenschaftlicher Methode das Bild der Geschichte ergriffen und dahinter die philosophische Frage aufscheinen lassen. Indem sie ihrerseits der historischen Darlegung keinen philosophischen Lösungsversuch aufpfropften, machten sie deutlich, daß sie sich der Notwendigkeit einer Trennung von Philosophie und Geschichte bewußt waren, wenn es auch nicht gelang, den Trennungsstrich deutlich zu ziehen. Um ihn wenigstens anzudeuten, soll zunächst versucht werden, herauszustellen, in welcher Weise der Zusammenhang von Zeit und Geist in der Geschichtswissenschaft gesehen wird. Die Folgen sind erheblich, für die Philosophie, wie für die Historie.

3. Zeit und Geist in der Historie

Zweifellos ist es im Bereich der Geschichtswissenschaft schwieriger und auch problematischer als bei Hegel, davon auszugehen, daß Zeit und Geist die eigentlichen Grundlagen und die formale Struktur des historischen Denkens, Vorstellens und Arbeitens bilden. In der umfangreichen historischen Literatur finden wir diesbezüglich nur wenige dezidierte Aussagen. Meinecke hat für die Zeit des entstehenden Historismus von Machiavelli bis zu Goethe als Strukturen das Denken in historisch bedingten Individualitäten und in originärer Entwicklung erschlossen. Für das 18. Jahrhundert ließen sich Vernunft und Moral als Leitlinien der historischen Betrachtung aufzeigen.[1] Für die Historie des 19. und 20. Jahrhunderts haben zwar die Kategorien der sich wandelnden Zeit und des gestaltenden Geistes eine legitimierende Bedeutung gewonnen, aber die Mannigfaltigkeit der Aufeinanderbeziehung von Zeit und Geist ist so groß, daß gerade dieses Generalthema der Zuordnung von Zeit und Geist in der Geschichte immer wieder aus den Augen geriet. Die große Zäsur, die am Anfang des 19. Jahrhunderts innerhalb des historischen Denkens selbst eingetreten ist, kann uns jedoch in unfehlbarer Weise dahin führen, zu akzeptieren, daß das Verstehen der Geschichte als Zeit und Geist in der modernen Geschichtsbetrachtung nicht nur als eine philosophische Konstruktion existiert, wie in der Hegelschen Philosophie, sondern daß auch die historische Wissenschaft nichts anderes tut, als diesen Zusammenhang zu erweisen, wenn dies auch in der Form der dinglichen Umschreibung geschieht.

Will man nämlich den Punkt bezeichnen, an dem sich die ältere, von der Antike bis zum 19. Jahrhundert reichende Form des historischen Denkens von der jüngeren, seitherigen unterscheidet, so könnte man sagen, daß für erstere die Frage nach dem Menschen und dem für sein Handeln maßgebenden Wertsystem die Orientierung bildet, während für letztere die Frage nach dem Geschehen im Vordergrund steht. Thukydides wollte angesichts der Wiederkehr aller menschlichen Dinge, Verhaltensweisen und Möglichkeiten mit seinem Geschichtswerk «ein Besitztum für immer» schaffen, während Ranke wissen wollte, «wie es eigentlich gewesen». Für die ältere Auffassung war die Geschichte eine Anstalt, die moralische und pragmatische Regeln an die Hand gibt und immerwährende Beispiele setzt, für die jüngere ist sie ein Feld, das reale Kenntnisse über die äußeren Lebensbedingungen vermittelt, sie ist nach den Worten Droysens noch nicht «das Licht und die Wahrheit, aber ein Suchen danach».

Die Verschiedenheit des Zieles deutet nicht nur darauf hin, daß hier ein neuer Abschnitt im historischen Denken beginnt, sie impliziert vielmehr auch eine ganz andere Ausgangsposition und einen anderen Anspruch. Der grundverschiedene Ausgangspunkt ist dadurch gegeben, daß dem rein innerweltlichen, historisch erschließbaren Geschehen und seiner durch Menschenhand gegebenen Bezeugung nun die Aussagekraft von endgültiger Bedeutung für die Ursachen dieses Geschehens zugesprochen und damit die ganze menschliche Welt durch die Brille menschlicher Motive, Ausmaße und Werte betrachtet wird. Soweit sie vergangen ist, erweist sich die Geschichte nicht mehr als beliebiges Beispiel, sondern als unausweichliches Zeugnis, soweit sie aber gerade geschieht oder künftig geschehen wird, gelten für das geschichtliche Leben nicht mehr die Maßstäbe des Wundersamen und Zufälligen, sondern allein die von Verrichtung und Versäumnis. Nicht der Mensch und die hinter ihm stehenden Mächte werden über das Geschehen befragt und drücken diesem Geschehen ihr Signum auf, sondern das Geschehen wird auf den wirkenden Menschen hin befragt, und dieser erscheint dann im Lichte dieses Geschehens. Damit ist bereits der Anspruch der modernen Historie zum Ausdruck gebracht, der konkret gesprochen darin liegt, daß die ganze den Menschen umgebende Welt eine geschichtliche ist und demgemäß von ihm ein Bewußtsein dessen wie auch ein davon getragenes Handeln verlangt. Es war darum auch ein Ergebnis dieser neuen Historie, daß die im allgemeinen historischen Geschehen erschlossene Zeit und damit jede

Zeit überhaupt ein bisher ungekanntes Gewicht im Leben des Menschen erhielt. Denn der Blick für lange Entwicklungen und plötzliche Entscheidungen, die Unterscheidung zwischen geplantem Vorgehen und multikausalem Zusammentreffen in der Zeit, die Prüfung der im Laufe der Zeit entfalteten Handlungen und ihrer Wirkungen, und das Verständnis für Einflüsse der Zeit, für eigenständige Traditionen und komplizierte Traditionsverbindungen: dies alles wurden nun neue Zugänge zum Lebensverständnis, sie konstituierten einen speziellen Zeitbezug und gewannen die Bedeutung von wahrheitssetzenden Beurteilungskriterien. Diese neue Historie schuf ein Verständnis für die Zeit als einen dem Menschen eigenen Lebensraum, sie vermittelte die Anteilnahme an der Zeit als einer vom Menschen zu tragenden Last, und sie erschloß die Zeit als eine gegebene Möglichkeit. Der Schlüssel für dieses neue und ganz innerweltliche Zeitverständnis lag aber darin, daß die Historie die Zeit als einen Bereich erkennen ließ, in dem der Mensch geistig lebt, in dem er von der Welt und für die Welt geistig geformt wird, in den er sich durch seine Handlungen geistig einschaltet und im ganzen als ein der Zeit bewußtes Wesen konturiert. So darf also trotz der spärlichen Äußerungen über Zeit und Geist in der Geschichte festgestellt werden, daß die moderne Historie gerade dadurch die Geschichte in ein neues Licht rückte, daß sie diese Geschichte als eine Beziehung zwischen Zeit und Geist aufzeigte, und zwar in der Tatsächlichkeit und in der Form des historisch sich vollziehenden Lebens.

Indem wir so den eigenständigen Beitrag der Historie für die Orientierung des modernen Menschen auf die Welt und die Eröffnung einer innerweltlichen Sinnhaftigkeit herausstellen, gewahren wir doch, daß wir uns in der geistigen Luft Hegels oder wenigstens des hegelschen Zeitalters befinden. Wenn wir an der philosophischen Grundlage des historischen Denkens als einem Zusammenhang von Zeit und Geist festhalten wollen, aber dagegen die Zielvorstellungen ablehnen, die sich für Hegel aus dieser Korrespondenz ergaben, so gilt es nun, im Einzelnen darzulegen, auf welche Weise Zeit und Geist aus der Sicht des Historikers in der Geschichte greifbar werden und worin die Probleme dieses Bezugs für die Historie liegen.

Wenden wir uns zunächst der Zeit zu, so ist die historische Form einer Zeiterfahrung erst einmal abzusetzen von den subjektiven, physikalischen, philosophischen und theologischen Versuchen, zu einem Zeitbegriff zu kommen. So ist Zeit im Bereich der Geschichte gerade nicht jene reine Lebensempfindung, die Georg Simmel aus dem Aspekt des erlebenden Menschen artikuliert hat, nämlich als «die – vielleicht abstrakte – Bewußtseinsform dessen, was das Leben selbst in nicht aussagbarer, nur zu erlebender Konkretheit ist; sie ist das Leben unter Absehen von seinen Inhalten, weil nur das Leben den zeitfreien Gegenwartspunkt jeder anderen Wirklichkeit nach beiden Richtungen hin transzendiert, d. h. die Zeit realisiert»[2]. Simmel macht also gerade das persönliche Zeiterleben bewußt, das zwischen der Langeweile eines einlinigen Ablaufs und der Bedrängnis durch viele Zeiteindrücke eine reiche Skala aufweist, seiner Eigenart nach aber passiver Natur ist und das Vorhandensein einer äußeren, selbsttätigen Zeit oder gar das Verstricktsein in sie nicht rezipiert. Für den Historiker bleibt aber ebenso die physikalische Zeit irrelevant, da sie unter diesem Aspekt immer nur gemessene, gezählte, teilbare Zeit ist, wie schon Aristoteles klassisch formuliert hat: «Wir messen nicht nur die Bewegung durch die Zeit, sondern auch die Zeit durch die Bewegung, da beide einander definieren.» In diesem Sinn von reiner Brauchbarkeit bedarf die Historie auch nicht der von dem Physiker Rudolf E. Clausius entwickelten Wärmelehre, um exakt zu wissen, daß die Zeit nicht zurücklaufen kann, weil Zeit in der Geschichte nicht ein quantitatives Problem ist. Sind doch die neuen von der Naturwissenschaft begründeten Vorstellungen der schier unendlichen Raumzeit und der nicht mehr wahrnehmbaren Sekundenbruchteile nur vom Menschen aufgedeckte, aber nicht dem Menschen hinzugefügte Zeiträume. Zwar läuft heute die geschichtliche Bewegung schneller mit Hilfe des Kraftverkehrs, der technischen Nachrichtenübermittlung und der maschinengesteuerten Energienutzung; das Bewußtsein des Menschen, der Radius seiner Welterfahrung und die Möglichkeiten der Welterfassung haben sich dadurch erweitert, die Erlebnismöglichkeit ist im Bereich der Raumfahrt ins Nichtmehrdarstellbare angewachsen; aber der für das menschliche Leben maßgebliche Folgecharakter der Zeit und damit die Bedingung der Geschichte als Geschehen durch menschliche Handlung wurde dadurch nicht aufgehoben. Er ist geradezu der Triumph der irdischen Zeit-Geist-Struktur des Menschenlebens, daß die existenzielle Zeit selbst nicht verändert werden kann, wenn der Mensch z. B. in der Weltraumfahrt kraft seiner geistigen Leistungen auch die äußere Bewegung der Zeit auszuschalten vermag. Vom Aspekt der historischen Zeit gesehen wird er also eher ein Opfer seiner Fähigkeiten als ein Überwinder seiner geschichtlich bedingten Natur. Die Probleme der Menschenwelt sind folglich nicht technisch, sondern nur menschlich zu lösen, nicht aus einer an beliebigen Bewegungen gemessenen, sondern nur aus einer real gestalteten Zeit. Für die Historie kann aber auch das theologische Verständnis der Zeit als Spiegel der Ewigkeit hier beiseitegelassen werden, weil zwar die Vorstellung Gottes selbst eine ewige schöpferische Bewegtheit voraussetzt, die Vorstellung der göttlichen Ewigkeit aber eigentlich stillstehende Gegenwart, Nichtzeit meint oder, wie es Thomas v. Aquin nennt, «in ihrem Wesen eine Folge der Unveränderlichkeit» ist[3]. Schließlich kann aber auch die philosophische Erklärung der Zeit aus der Macht des reinen Begriffs für das Verständnis der Geschichte als Zeit nicht weiterhelfen, weder im Sinne Kants, der sie nur als «die formale Bedingung a priori aller Erscheinungen» und damit auch als «lediglich eine subjektive Bedingung unserer menschlichen Anschauung» betrachtet,[4] noch im Sinne Hegels, der sie als die Qualität der Veränderung überhaupt erkennt oder als «die Abstraktion des Verzehrens»[5] und in diesen Begriff dann die Geschichte hineingießt.

Im Gegensatz zu diesen Definitionen, Spekulationen und Vorwegnahmen der Zeit ist nun für die Historie die Zeit ein erst Auffindbares. Sie wird festgestellt und charakterisiert an dem vollzogenen allgemeinverbindlichen Geschehen. Der Wandel und die Kontinuität von Zeit wird verifiziert an den nachweisbaren Bewegungen des sozialen Lebens, und d. h., sie wird erfaßt in den zahllosen Jeweiligkeiten und Gleichzeitigkeiten, aus Zuständen, Ereignissen und Handlungen, die sich aus der Wirksamkeit des Menschen für die äußere Welt ergeben. Dieses historische Verständnis von Zeit als dem, was wirklich Geschichte geworden ist, schränkt sich nicht ein auf die tatsächlich noch verbliebenen Überreste, wie es Droysens Wort nahelegt: «Das Material unseres Forschens ist, was aus den Vergangenheiten der sittlichen, der Menschenwelt, noch unvergangen ist.»[6] Der nur rudimentär noch vorhandene Limes oder das von Karl IV. selbst vernichtete böhmische Landrecht scheinen ihm recht zu geben, denn nur in den vorhandenen Quellen wird die Wirklichkeit der Zeit faßbar. Aber dagegen ist zu sagen: wenn der Historiker nicht stets über die vorhandenen Papiere und Steine hinaus die Bewegtheit der Zeiten in sein Denken einbezieht, würde er den Übergang von einem nachweisbaren Zustand zum andern kaum für erforschenswert halten. Wesentlich bleibt für das historische Zeitverständnis jedenfalls dies, daß die Zeit hier nur in der Kette von Handlungen und in der Realität von Zuständen erfaßbar wird. Im Gegensatz zu Simmels Auffassung wird in der Historie die Zeit gerade an den Inhalten abgelesen und der Begriff der Zeit nicht an der Bewegung gemessen, sondern am Volumen erfaßt. Ihre Zeiten sind die der Reformation, des Mittelalters, des Dritten Reiches. Und die Kontinuität der Zeit wird demgemäß nicht als eine Möglichkeit postuliert, sondern aus der Reihe der Zeiten herausgefunden, dargelegt und als Geschichte definiert. Denn gerade an der in den historischen Institutionen (Papsttum) oder Wirkungen (Investiturstreit) konkret abgelesenen Kontinuität ergibt sich der wissenschaftliche Dienst, den die Zeit für die Historie leistet. In den Formen des plötzlichen Ereignisses und der langen Entwicklungen wird die Zeit im historischen Sinne zur Wirklichkeit, womit der Gegensatz zu Hegels Vorstellung der Geschichte, wonach die Zeit das Geschehen bewirkt, auf den Punkt fixiert ist. Um an den historischen Ereignissen und Erscheinungen diese bestimmte zeitliche Dimension herausstellen und ihnen damit den geschichtlichen Charakter geben zu können, wird die Zeit durch den Historiker in verschiedener Weise herangezogen: als chronologisches Richtmaß, als kausaler Ordnungsfaktor oder als Vermittler von Wertvorstellungen.

Spricht man zunächst von der Zeit als Richtmaß der Geschichte, so gilt es zu beachten, daß hinter der Möglichkeit, das Geschehen datierbar richtig zu rekonstruieren, immerhin das Anliegen steht, die Folge von gravierenden Aktionen und Reaktionen, wie wir sie z. B. im Verhältnis zwischen Gregor VII. und Heinrich IV. vorfinden, aus dem Verdikt von Willkürhandlungen, Unzulänglichkeit und Teufelei herauszuholen und solche für Jahrhunderte schwerwiegende Entscheidungen in erster Linie als Folge von sachlichen und persönlichen Verkettungen zu erkennen. Oder man bedenke, was es bedeutete, daß durch den datenmäßigen Erweis aus der Fixsternstellung die historisch-wissenschaftliche Bestätigung für den Zug der heiligen drei Könige gegeben wurde oder daß durch Heinrich Schliemanns Entdeckung der trojanischen Festung die mythische Zeit der homerischen Epen ins Licht der historischen Wirklichkeit gerückt und damit natürlich das Verhältnis von Geschichte und Sage neu beleuchtet wurde. Die Erfassung des Geschehens im Maß der Zeit ermöglicht also, durch richtige Datierung und Herausstellung von Geschehensfolgen das menschliche Handeln selbst auf die Basis der Richtigkeit und der Folgerichtigkeit zu stellen; sie spielt ferner eine wichtige Rolle bei der Vorstellung von Entwicklungsgängen und ihrer Dauer und natürlich für die unaufhörliche Diskussion um die Kulturzyklen; schließlich gibt sie für die Vergleichbarkeit und damit auch für die Wertung einzelner historischer Erscheinungen das entsprechende Rüstzeug an die Hand.

Noch wichtiger erscheint die Zeit in ihrer Rolle als kausaler Ordnungsfaktor, indem sie ganz praktisch das Weltverständnis auf historischen Kausalitäten aufbaut, mögen diese nun falsch angesetzt sein, wie die den Bauernkrieg mit auslösende Berufung des gemeinen Mannes auf sein gutes altes Recht, oder mag dieses historisch-kausale Denken auf die Zukunft ausgerichtet sein, wofür das Auftauchen des Primogenitur-Prinzips im Gegensatz zum familienrechtlichen Staatsgedanken als Beispiel dienen mag. Angesichts der effektiven Kausalität, die im historischen Bereich wegen der Überprüfbarkeit der äußeren Kausalfaktoren und der kausalen Wirkungen rationaler dargelegt werden kann, als im individuellen Leben, erscheint der von Valéry oder auch von Nietzsche erhobene Vorwurf gegen das historische Denken, daß dieses auf dem Schein eines post hoc nun ein vernünftiges propter hoc aufbauen wolle, als nicht gerechtfertigt.[7] Ein solches Urteil beruht zwar auf der falschen Voraussetzung, daß die historische Kausalität auch eine logische und mathematische sei. Die speziell historische Kausalität menschlichen Handelns liegt aber nun gerade darin, daß sie sich nicht aus Absicht und Fähigkeit des einen Handelnden ergibt, sondern aus dem unter vielen Voraussetzungen zustandegekommenen Bewirkten. Eines der großen, unauflöslichen und doch lebenserhellenden Probleme des historischen Daseins liegt vor allem in dieser Differenz zwischen der erschließbaren Absicht des handelnden Menschen und der jeder Absicht spottenden Wirkung, die sich z. B. zeigt angesichts der Gründung des Bismarckschen Reiches und dessen Ende 1945 oder in dem grotesken Widerspruch zwischen dem religiösen Anliegen der Kreuzzüge und ihrer besonders den Handel und die Kriegstechnik fördernden Wirkung.

Noch tiefer führt uns schließlich die Zeit als Dimension der Geschichte, wenn man darauf verweist, daß durch die Darlegung der zeitlichen Bedingtheit alles Geschehens Werturteile möglich werden, die von weitreichender geistiger, religiöser oder politischer Bedeutung für ganze Generationen, Völker und Kulturräume werden können. Dabei geht es nicht mehr um das moralische Urteil, das sich die pragmatische Geschichtsschreibung aus historischen Wirkungen bildete. In Fortführung des eben Dargelegten über die Absicht des Menschen in der Geschichte geht es in diesem dritten Aspekt der Zeit gerade um die reale Einschätzung, Beurteilung und Charakterisierung von Handeln und Handelnden in ihrer eigenen zeitlichen Situation. Nicht ob der zweite Weltkrieg verwerflich war, ist angesichts der Ergebnisse von 1945 ein Erkenntnisziel, sondern unter welchen Voraussetzungen, Zielsetzungen, von wem und wann er ins politische Spiel eingeführt wurde, eröffnet hier Urteile, die bei der Betrachtung der Ergebnisse maßgebend sind. Das Protokoll über den Besuch Hitlers bei General Hammerstein im Februar 1933, und natürlich die Leitlinien des Buches «Mein Kampf» setzen hier wertende Aussagen. Bedenken wir, welche folgenschweren Wertungen die 1919 politisch dekretierte Schuld am ersten Weltkrieg in der historisch und noch mehr in der politisch interessierten Welt ausgelöst hat! Und das große Problem, ob die Reformation die von Luther gewollte Revolution gegen Rom war oder ein zeitbedingtes Rütteln an zeitlich überholten Formen und ob die Reformation als Ganzes folglich mehr einen liturgischen denn einen theologischen Charakter hatte, vermag zwar die ungeheueren Verluste der großen abendländischen Spaltung nicht mehr zu beheben, aber diese neue Wertung kann eine wichtige Hilfe für die gesamtökumenische Bewegung sein.

Nach dieser Darlegung über die Formen, in denen die Zeit in der Geschichte begegnet, kann man zusammenfassend festhalten, daß gerade durch die Historie Zeitgefühl und Zeitorientierung des modernen Menschen mitbegründet wurden. Denn die in der Historie aufscheinende Zeit gibt einen Begriff von der Originalität aller als Geschichte greifbaren Zeit und ihrer spezifischen Lebensformen, ob es sich um das Nationalbewußtsein handelt, das aus der Mischung von Volkssouveränität, Staatstradition und Eisenbahnbau entstand, oder um die Ausbildung des Bürgertums, die sich aus dem Zusammentreffen von neuer Wirtschaftsgesinnung, Entwicklung einer Volksfrömmigkeit, Erfindung des Schießpulvers und Einführung allgemeiner Besteuerung ergab. Das Denken in historisch-zeitlichen Dimensionen hat ferner den Weg eröffnet für ein neues Verständnis der Wahrheit im Sinne der Realität und der selbständigen Lebensberechtigung dieser Wirklichkeit. Wahrheit gibt es so in den Ketzerbewegungen, wie bei Adam Smith, in der lehrenden Universalkirche, wie in der ordnenden Landeskirche. Ist auch die Wahrheit aller dieser Erscheinungen nur so relativ wie ihre Erscheinungsform, so wird gerade durch diese Demonstration die Wahrheit in ihren Bestandteilen freigelegt. Denn die historische Wahrheit meint nicht mehr die Wahrheit der Sache, sondern die Wahrheit der Gestalt in der Zeit. Schließlich hat die Historie die Zeit in ihrer Universalität sehen gelehrt, nicht nur als Vergangenheit, Gegenwart und Zukunft, sondern den Augenblick als die Entscheidung für immer, die Zukunft, die schon lange begonnen hat, die Gegenwart als die Nichtigkeit von Zeit, die sich im Bewußtwerden und in der Umformung in Handeln sogleich in ihrer ganzen Wichtigkeit auftut. So ist sie im Licht der Historie niemals nur beständige Dauer oder unbeständiges Jetzt, sondern immer beides zugleich. Zeit ist der Augenblick der Enthauptung des Königs, die gleichbedeutend ist mit dem Ende des Gottesgnadentums, des Feudalismus, der Ermattungsstrategie; Zeit, das ist der Wahltag, an dem der demokratische Gedanke zu Markte getragen wird; Zeit das sind die vier von Friedensversuchen, Expansionswillen, Siegeshoffnungen und diplomatischen Verhandlungen vollen Wochen vom Serajewoer Attentat bis zum Kriegsausbruch 1914; Zeit sind die unwiderruflichen Jahre der Diktatur Hitlers, und Zeit sind schließlich die Jahrhunderte, in denen durch Völkerwanderung, Mission, Theologie und Baukunst die antike Kultur abgelöst wird von der Ära des Christentums.

Resümieren wir diese hier angestellten Betrachtungen über die historische Zeit in den Formen von Maß, Ordnung und Wert und über die aus dieser historischen Zeitvorstellung ermittelten neuen Aspekte der zeitlichen Originalität, Wahrheit und Universalität, so gelangen wir zur abschließenden und eigentlichen Definition über das Wesen dieser historischen Zeit. Alle Darlegungen haben ergeben, daß von einem Eigenwesen der Zeit nicht gesprochen werden kann, sei es im Sinne der Veränderungen an sich, sei es als sich selbst gebärender Fortschritt oder als natürliche und notwendige Wiederkehr oder schließlich als eine der Zeit selbst innewohnende Logik als Zeitlichkeit. Vielmehr zeigte sich immer von neuem, daß die Zeit in der Geschichte letztlich allein durch die Manifestation von Denk-, Werk- und Lebensinhalten des Menschen faßbar werden kann. Wenn so auch unbestreitbar ist, daß die im Naturgeschehen vorgegebene Zeit als Bewegung der Grund ist, auf dem sich die menschliche Geschichte vollzieht, so ist doch ebenso offensichtlich, daß es die im Zuge der sozialen Entwicklung vollzogene menschliche Tat ist, durch die die Zeit zur Geschichte wird. Was die Zeit in der Geschichte an Erscheinungen und Ereignissen erbringt, erzwingt und dann als Geschichte bedeutet, ist nur dadurch eine Wirklichkeit in der Welt, daß der Mensch mit seiner Arbeit, seiner Entscheidung und seiner Handlung durch die Zeit hindurchgegangen ist. Weil sie aus dem einmalig vorhandenen Menschen und seiner individuellen Entscheidung kommt, darum ist die geschichtliche Zeit nicht nachzuahmen oder zu wiederholen; weil sie im Menschenwerk fixiert und weltliche Wirklichkeit geworden ist, darum ist die geschichtliche Zeit nicht zurückzunehmen oder zu verleugnen; und weil sie nur durch die Begegnung des Menschen mit seiner ganz besonderen Zeit eine geschichtliche Gestalt gewinnt, darum ist die Zeit auch nicht zu antizipieren, sei es als die hegelsche Idee, sei es als das marxsche gute Leben, als die christliche Jenseitshoffnung oder als bloßes Spiel. Dabei versteht es sich fast von selbst, daß diese vom Menschen geschaffene historische Zeit nicht immer gestalthaft sein muß: es gibt die schaffenden Zeiten, die rücksichtslos das Alte vernichten, wie wir es im Mittelalter oder im Barock gewahren, es gibt die Zeiten, die das Überlieferte nur aufbrauchen, wie es wohl vom Hellenismus gesagt werden kann; es gibt die Zeiten, die rastlos auf der Suche sind, wie Renaissance und das Spätmittelalter überhaupt; aber auch im Bewußtsein der Untätigkeit oder der Unfähigkeit zum Handeln vollzieht sich historisch gelebtes Leben. Entscheidend bleibt bei alledem, daran festzuhalten, daß die historische Zeit nur als eine vom Menschen gelebte, gestaltete oder versäumte Zeit greifbar wird und die Wirklichkeit der menschlichen Welt repräsentiert. So erklärt sich schließlich auch dies, daß die Aussagen in der Geschichtswissenschaft über den Charakter der Zeit dünn gesät sind. Dies ist nicht darauf zurückzuführen, daß die Historiker sie nicht sähen, sondern weil sie in ihren Augen verwandelt ist in die menschliche Tat. Nur als Werk des Menschen ist die Zeit das Material der Historie.

Wenden wir uns der Frage zu, in welcher Weise Geist in der Geschichte ist, wie der Historiker ihn faßt und er dann die Geschichte als Geistiges versteht, so schränkt schon die Frage das schier unermeßliche Thema ein: es geht nicht um das Geist-haben und nicht um das Geist-sein, sondern nur darum, wie wir die Geschichte in ihrer geistigen Erscheinung zu verstehen haben. Es ist dies eine andere Frage, als sie Friedrich Meinecke an die Geschichte stellte, da in dessen Werken eigentlich das Geistige aus der Geschichte herausgenommen und zu allgemeinen Problemen erhoben wird, z. B. dem Verhältnis von Macht und Sittlichkeit, oder demjenigen von weltbürgerlicher Menschlichkeit und nationaler Geschlossenheit. Indem Meinecke die in der Geschichte gefundenen Antworten herausdestilliert, stellt er diese über das akute historische Geschehen und will somit aus der Geschichte Philosophie gewinnen. Dies ist aber nicht unsere Frage und auch nicht unser Sinn, denn wir wollen das Geistige nicht als Abstraktion von der Geschichte, sondern als Inhalt der Geschichte erfassen und soweit es Inhalt ist. Was die referierende Historie dazu sagt, wird deutlich, wenn wir zuerst darzulegen versuchen, wessen Geist für sie in der Geschichte wirkt und sodann erörtern, was diese historische Vorstellung vom Geist in der Geschichte zur Charakterisierung sowohl des Geistes wie auch der Geschichte erbringt.

Nach der vorangegangenen Feststellung, daß die Zeit in der Geschichte greifbar wird in der Tat des Menschen, ist nun auf die Frage nach dem Urheber des Geistes in der Geschichte nur mehr zu folgern, daß nur der menschliche Geist, der die Tat will, plant und ausführt, auch den Geist in die Geschichte bringt. Weder ist für die Geschichtswissenschaft das Geistige außerhalb der Welt und bleibt außergeschichtlicher Natur, wie es das Christentum nahelegt, noch kommt der Geist in der Gestalt eines bestimmten Prinzips in die Geschichte, um diese zu erfüllen, wie es Hegel versteht, noch ist er bloß äußerliches Attribut und Folgeerscheinung eines ökonomisch bestimmten Gesellschaftsprozesses, wie wir es bei Marx finden. Die zahllosen historischen Darstellungen gehen vielmehr davon aus, daß die eigentlich geistige Bewegung in der Geschichte sowohl der Sache wie auch der Form nach durch den Menschen bewirkt wird. Entspringt der Geist im Bild der Historie aus der menschlichen Reaktion auf die Gegenwart oder aus einem Vorbild der Vergangenheit, so richtet er sich in seinem Ziel auf deren Umwandlung bzw. Erneuerung, gleichviel, ob sich dies moralisch, politisch oder ästhetisch auswirkt; und wie er demgemäß seiner Bedingung nach in der Kontinuität steht und historisch ist, so ist er seiner Art nach individuell bzw. willkürlich, an Person und Situation gebunden. Auch ein Lenin, der große Erbe des revolutionären Rationalismus, hat schließlich neben Trotzki, Kerenski, Plechanow nur eine Variante der Revolution und des Rationalismus gebracht, nicht aber eine einmalig-notwendige Form. Vor allem lebt also der Geist in der Geschichte durch seine menschlichen Urheber, er ist greifbar in der herrschenden, verwaltenden, erfindenden oder kriegführenden Intention, er ist die menschliche Antwort auf die historische Situation. Der menschliche Geist ist also durch seine Aktivität für die Bewegung der Geschichte ebenso unentbehrlich, wie er durch seine vielfältige Erscheinung unvorhersehbar, unlenkbar bleibt. Er kommt zur Sprache in der Rabulistik Machiavellis wie im Streben Jakob Fuggers zu «winnen dieweil er könne»; er wirkt im weltentdeckenden Eroberertum des Cortes wie in Cäsars Vorstellung von der Macht als Ordnung und im Vertrauen des Cecil Rhodes auf die selbsttätige Wirkung des Reichtums für die Menschheit. Überall gibt es davon Stufungen und Schattierungen, wenn man an das Genießertum des Pompejus, die Etablierung des Kommunismus unter Stalin, das territoriale Streben der Renaissancepäpste, den Raubimperialismus des Pizzaro oder die Alchimistenkünste des Agrippa von Nettesheim denkt. Das Streben der Philosophen und Theologen selbst ist nichts anderes als der Versuch, der Menschheit die ganze, unidealisierte Wirklichkeit zu zeigen und sie dahin zu führen. Aber auch bei der Einführung des Hausbaues mit Stein, bei der Monopolisierung des Bergbaues oder der Einführung der Dreifelderwirtschaft ist das historisch Entscheidende die durch den Menschen vollzogene geistige Erfassung einer Möglichkeit, es ist die geistige Vorstellung von menschengemäßem Nützen, ferner die rationale Durchdringung von Stoff und Arbeit und schließlich die das individuelle Dasein übersteigende Zielhaftigkeit des Tuns. Auch sekundäre Bedingungen des historischen Lebens wie Bevölkerungsvermehrung, Produktionswandel, Entwicklung von Werkzeugen und Maschinen weisen schließlich auf Vorgänge, die sich aus dem Zusammenwirken von Zeit und Geist ergeben, denn sie sind Folgen der Revolution, der dem Menschengeist gemäßen Forderung nach rechtlicher, sozialer, wirtschaftlicher Gleichstellung oder eben Ergebnisse menschlichen Erfindungsgeistes. Ebenso erhält der historische Zufall seine geschichtliche Wirkung erst durch die Folgerungen, die der menschliche Geist aus ihm zieht, also beispielsweise diejenigen Friedrichs des Großen aus dem Tode der russischen Kaiserin Elisabeth 1762, der Regierungen Europas aus dem Serajewoer Attentat vom 28. Juni 1914 oder der Liberalen aus dem Zusammentreffen der Revolution von 1848 und der Liebesaffäre Ludwigs I. von Bayern mit Lola Montez. Nur der menschliche Geist ist es also, der Geschichte bewirkt, selbst dann, wenn dieser Geist nicht mehr der Geschichte und der Welt zugewandt ist, sondern nur noch durch seine Selbstreflektion geschichtsmächtig ist. Erasmus von Rotterdam hat darum gewußt, als er 1526 an Luther schrieb: «Ich würde Dir einen anderen, besseren Geist wünschen, wenn Du nicht mit Deinem Geist so sehr zufrieden wärst.»[8]

Wenn der Geist so durch den Menschen in der Geschichte vorhanden ist und nur auf diese Weise, so ist es klar, daß Betrachtungen über den Geist des Staates, den Geist einer Kultur, einer Epoche oder einer Revolution nur symbolischen Wert haben und vom Geist der Geschichte an sich nicht gesprochen werden kann. Mit feiner Ironie hat Goethe darum sich über Napoleon gewundert, wenn er von ihm sagt, «der ganz in der Idee lebte, konnte sie doch im Bewußtsein nicht fassen, er leugnet alles Ideelle durchaus und spricht ihm jede Wirklichkeit ab»; spreche Napoleon aber von seinem eigenen Wirken, so gefiele es ihm doch, «daß er dem Weltgange eine frische Anregung, eine neue Richtung gegeben habe»[9]. Ist dieser Geist nur durch seine Träger in der Geschichte vorhanden, dann kann es ihn nicht als eine außer den menschlichen Handlungen existierende Kraft geben, und er ist auch nicht nur das verklärende Licht, das historisierende Generationen über das Unglück der Geschichte ausbreiten. Menschen schufen den Charakter des Kaisertums, wie man es ablesen kann von Cäsars antimonarchischem Wort: «Ich bin Cäsar, nicht König»[10], bis zu Gregors VII. okkupativer Forderung, daß der Papst allein die kaiserlichen Zeichen tragen dürfe.[11] Menschen, und nicht anonyme Kräfte, Voraussetzungen oder Tendenzen sind es auch, die nach historischer Betrachtungsweise für den Geist im Wirtschaftsleben verantwortlich sind. Demzufolge gibt es dann aber auch keine Diskussion über die geistigen und die materiellen Mächte und ihren Widerstreit in der Geschichte, wie sie noch Otto Hintze weitergeführt hat. Nach ihm wird das historische Leben generell «nur in sehr beschränktem Maße durch rein geistige Kräfte beherrscht; in viel höherem Maße durch die triebhaft bedingten, mit elementarer Gewalt sich durchsetzenden realen Interessen, wie sie namentlich im Staats- und Wirtschaftsleben dominieren, allerdings nie ohne die Hilfe des Geistes, der aber dabei doch öfter dient als herrscht». Hintze räumt freilich ein, daß es in der Geschichte Situationen gibt, in denen «beiderlei Kräfte, die realen und die ideellen, zu harmonischer und gleichgewichtiger Wirkung gelangen»[12]. Soweit hier der Geist in der Geschichte Beachtung findet, wird er also doch wieder einzelnen Größen zugesprochen, die natürlich auch kollektive Größen sein können wie z. B. die Renaissance oder die Aufklärung. Den vielen anderen Nichtgrößen oder den nicht charakteristischen Zeiten und Epochen kommt aber bei ihm eine geistige Wirkung im geschichtlichen Leben nicht zu, so daß sich dieses dann als ein irrationales Pendeln zwischen Geist und Materie darstellt.

Nach dieser Abschweifung über das, was sich im Lichte der historischen Wissenschaft gerade nicht als Geist in der Geschichte erkennen läßt, kann man nun positiver profilieren: nur die sich in der Geschichte auswirkende Geistigkeit als Eigenschaft und Fähigkeit des Menschen verleiht der Geschichte ihren Geist. Die Art, wie sich diese Geistigkeit im Geschehen tatsächlich ausdrückt und in historische Wirklichkeit umzusetzen vermag, liegt nicht in der Abstraktion des menschlichen Geistes von der materiellen Lebensform, sondern sie ist vielmehr der geistige Kern der sich in vielfacher Weise auffächernden Tätigkeit, also in ästhetischer wie in politischer, in organisatorischer wie in wirtschaftlicher Hinsicht. Der Gewinn der Auswirkung menschlicher Geistigkeit in der Geschichte liegt folglich gerade darin, durch die Anwendung geistiger Fähigkeiten und geistiger Kultur dem historischen Leben ein menschliches Format zu geben.

Zweifellos findet in dieser historisch-wissenschaftlichen Vorstellung vom Geist in der Geschichte auch das moderne Selbstverständnis des Menschen als einer auf sich selbst gestellten Intelligenz einen ganz spezifischen Ausdruck, und indem dieses Selbstverständnis auch auf den geschichtlichen Menschen angewendet wird, wird es aus der Geschichte auch bestätigt. Denn hier wird eingeräumt, daß der Wähler von heute mit seiner Entscheidung unter Umständen klarere Vorstellungen von der Zukunft verbindet als der Gewählte; die Historie weiß und lehrt, daß die Unterdrückten, wie z. B. die Aufständischen des Bauernkrieges, den Preis ihrer für die Zukunft unternommenen Handlungen realistischer einschätzen können als die Herrschenden; sie eröffnet den Zugang zur Einsicht, daß der Ketzer ein reineres und stärkeres Verhältnis zu den religiösen Aufgaben der Kirche haben kann als der wohlbestallte Pfründeninhaber. So hat die historische Wissenschaft mit ihrer Auffassung vom Geist des Menschen in der Geschichte ihren Anteil, aber auch eine für alle Zukunft notwendige Funktion bei der Ausbildung der menschlichen Autonomie, für die das Wissen um den historischen Bezug des Geistes ein integrierender Bestandteil ist. Der handelnde Mensch übersteigt in seinem geschichtlich relevanten Wirken ebenso ständig den Bereich der individuellen Sphäre, wie auch der historisch verstehende Mensch dank seiner Einsicht in die Existenz des Geistes in der Geschichte ständig den eigenen Lebens-, Erfahrungs- und Denkbereich übersteigt, sei es bei der Lektüre der seltsamen Berichte über die Wertvorstellungen der Indianer im Zeitalter der Entdeckungen, sei es angesichts der unerschließbaren Relikte der eleusinischen Mysterien in der Antike, sei es bei der Konfrontation mit der fremden Klangwelt mittelalterlicher Musik oder schließlich bei der Suche nach staatlichen Organisationsformen bei mongolischen Horden, altamerikanischen Stämmen, ägyptischen Dynastien, militärischen und geistlichen Imperien, Adelsrepubliken, Eidgenossenschaften und modernen Nationalstaaten.

Neben diesen positiven Aspekten einer historischen Auffassung vom Geist in der Geschichte wirken sich aber auch die negativen Aspekte im Sinn einer realistischeren Betrachtung aus. Denn die Einsicht in die menschliche Bedingtheit des Geistes in der Geschichte führt zu dem Eingeständnis, daß der Geist gerade durch diesen seinen menschlichen Ursprung sich nur als ein relativer, als ein gegenwärtiger, zeitbedingter, veränderlicher, partikulärer und schließlich reaktiver erweist. Die Vorstellung vom schöpferischen Geist des Menschen und den schöpferischen Kräften in der Geschichte muß gerade aufgrund der historischen Erfahrungen negiert werden. Es gibt in der Geschichte nicht das Neue, sondern nur das immer wieder Andere. Wir sehen in der Entwicklung des Geistes immer wieder, daß der menschliche Geist zwar Grundsätze entwickelt, Programme, Ordnungen und Maschinen entwirft, daß er bewegt, revolutioniert und Endgültiges anstrebt. Prüft man aber das Geschaffene, und zwar gerade unter dem Aspekt der Geschichte, so zeigt sich, daß er in all diesen Tätigkeiten nur antwortet, Konsequenzen zieht, Aus- und Umwege sucht, Kompromisse macht, Modifikationen vornimmt, sich Notlagen anpaßt und den Himmel auf die Erde zu ziehen sucht. Man kann die Welt unter dem Aspekt der Ewigkeit zeigen wie Dante, aber man zeigt sie aus der Gegenwart für die Gegenwart. Man kann in der Philosophie die absolute Erkenntnis anstreben, aber man tut es unter den physikalischen und gesellschaftlichen Bedingungen der Gegenwart. Man kann auch das Glück des Menschen und die Vollkommenheit der Gesellschaft anvisieren, wie es die amerikanische Verfassung von 1787 und das Kommunistische Manifest von Karl Marx tun, aber zu bewähren haben sich diese Programme und Tendenzen vor den Augen der Gegenwart. Ja, unter dem Aspekt der menschlichen Lebensbedingungen und der geschichtlichen Entwicklung haben auch Jesus von Nazareth und Buddha nichts Neues gebracht, sondern nur eine neue Lehre oder Verstehensweise. Hegels Vorstellung vom absoluten Geist findet also in der Praxis der Geschichte keine Bestätigung. Der menschliche Ursprung bestimmt dessen Grenzen und erweist seine Geschichtlichkeit.

Die Tatsache, daß der Geist nach den vorangegangenen Betrachtungen nicht nur als eine sporadische und zufällige Erscheinung bezeichnet werden kann, sondern geschichtlich betrachtet eben die Qualität einer Struktur hat, läßt uns auch innerhalb des rein historischen Denkens diesen Geist an die Seite der Zeit stellen und beide zusammen als das eigentliche Gefüge der Geschichte erkennen. Theodor Schieder hat mit Recht davon gesprochen, daß die Herausstellung von Strukturen der Historie auch unabhängig von der Philosophie niemals fremd gewesen sei, und er verweist dabei auf Rankes Vorstellungen von der Staatlichkeit alles geschichtlichen Lebens, auf Burckhardts Hervorhebung der drei Potenzen Staat, Religion und Kultur, oder auf Tocquevilles Suche nach dem état social als Grundmuster.[13] Wenn der Begriff Struktur hier nun auf Zeit und Geist angewandt wird, so geschieht es in dem Bestreben, neben den konkreten, aber stark interessenbedingten Ansätzen vielleicht noch ein ursprünglicheres, tieferliegendes und absoluteres Grundgerüst des historischen Denkens herauszustellen. Gewiß können Zeit und Geist nur formale Strukturen des geschichtlichen Lebens bezeichnen, aber gerade in der reinen Formalität liegt auch die Garantie für Geltung und Beständigkeit. Dabei versteht es sich nach allem Gesagten fast von selbst, daß das Wesentliche an dieser grundsätzlichen Bedeutung von zeitlichem und geistigem Sehen der Geschichte darin liegt, daß Zeit und Geist in ihrem historischen Aspekt aufeinanderbezogen sind. Ja sie stehen geradezu in einem Verhältnis wechselseitiger Bedingtheit, weil das primäre Objekt der Historie, der Mensch, eben deshalb ein historisches Wesen ist, weil sich sein zeitbedingtes und zeitgerichtetes Handeln nur aus der Bewußtheit und der geistigen Intention erklären läßt.

In umgekehrter Weise spiegelt sich dieser Sachverhalt bei zwei Philosophen, die sich von der Geschichte abwandten, weil sie eine Wechselbeziehung von Zeit und Geist in ihr nicht zu akzeptieren vermochten, nämlich in der rationalistischen Philosophie des Aristoteles und in der voluntaristischen Schopenhauers. Aristoteles schreibt der Dichtkunst einen höheren Wert und eine größere philosophische Aussagekraft zu als der Geschichtsschreibung, «denn die Poesie hat zum Gegenstand das Allgemeine, die Geschichtsschreibung berichtet das Einzelne. Unter allgemein verstehen wir, daß einem jeden nach seiner bestimmten Beschaffenheit bestimmte Reden oder Handlungen nach den Gesetzen der Wahrscheinlichkeit oder Notwendigkeit zukommen. Darauf zielt die Dichtkunst schon bei der Namengebung. Unter dem Einzelnen aber verstehen wir, was z. B. Alkibiades ausführte oder erlitt.»[14] Aristoteles mißt also den allgemeinen Aussagen des Dichters gerade darum einen höheren geistigen Wert bei als den Berichten über tatsächliche Äußerungen historischer Personen, weil durch die Ausschaltung des zeitlich-geschichtlichen Aspekts den poetischen Werken eine höhere Allgemeingültigkeit zukomme. Den speziell zeitlichen Überlieferungen aber wird a priori und wegen ihrer Besonderheit die geistige Repräsentanz für die Gegenwart und die Bedeutung für das Vorher und Nachher abgesprochen.

In der voluntaristischen Philosophie Schopenhauers hingegen läßt die Blickrichtung auf den Willen als die entscheidende Triebkraft eine Beziehung zwischen der geschichtlichen Bewegung und dem menschlichen Geist nicht zur Geltung kommen. Bei ihm erscheint das Leben in allen seinen Formen nur als eine Summe von Triebregungen, die im Willen ihren höchsten Ausdruck finden, «weil der Wille allein das Ding an sich ist» und die äußeren Vorgänge nur Konfigurationen der Erscheinungswelt «ohne Realität noch Bedeutung». Folglich bleiben auch die einzelnen Willensäußerungen und deren Ergebnisse nur Einzelerscheinungen, also Formen der Willensbefriedigung und nicht irgendwie geistig relevante Phänomene. Demgemäß ist es für Schopenhauer auch gleichgültig, ob durch diese Willensäußerungen «Kronen oder Nüsse» bewegt werden sollen. Die menschlichen Handlungen und ihre Wirkungen bleiben zufällig, nur situationsbedingt, ohne spezifischen Wert und geistige Repräsentanz für die Zeit. Darum sind diese Handlungen in der Geschichte schließlich auch nur die immer gleiche Wiederholung desselben Lebens, «ähnlich wie in den Dramen des Gozzi, in welchen allen immer dieselben Personen auftreten, mit gleicher Absicht und gleichem Schicksal»[15]. Schopenhauer sieht wohl die Bewegung und die Macht der Zeit, aber da sie keinen Bezug zum Geist hat, bleibt ihr Geschehen ihm Willkür, sodaß ihm auch die Geschichte keiner Bemühung wert erscheint; wie Aristoteles kommt er zu dem Schluß, daß der Menschengeist, «gerade weil er so vergänglich ist, das Unvergängliche zu seiner Betrachtung wählen sollte».

Aber auch im Hinblick auf diese Wechselbeziehung von Zeit und Geist kann man wiederum gewahren, daß der Sinn für diese Urquelle historischen Denkens nicht nur in der Philosophie vorhanden war, bei Hegel positiv, bei Aristoteles und Schopenhauer negativ; in einer ganz eigenständigen Weise gibt es neben den schon genannten inhaltlichen Strukturen auch in der Historie selbst ein beständiges Bewußtsein davon, daß Geschichte nur gesehen werden kann in dieser Beziehung von Geistigem auf die Zeit und von Zeitlichem auf den Geist. Nur ist diese Formulierung für den Historiker in gewisser Hinsicht bereits zu abstrakt, das Bewußtsein von dieser Voraussetzung liegt bei ihm eine Schicht tiefer, es ist eine beinahe stillgeschwiegene Voraussetzung. Und gerade die Selbstverständlichkeit, mit der man Geschichte als eine solche bedingungsweise Beziehung erarbeitet, führt leicht zur ungleichen Gewichtung von Zeit und Geist. Wir können nicht übersehen, wie die Historie in ihrem notwendigen Bemühen um die geschlossene Repräsentation der Zeit als Geschichte deshalb seit eh und je zwischen der Gefahr pragmatischer Konstruktion und idealistischer Verwischung der Konturen schwebte. Nennen wir zwei sprechende Beispiele dafür, nämlich Machiavelli und Ranke.

So spricht Machiavelli in seiner naturalistischen Betrachtungsweise im «Principe» wohl davon, daß in der Geschichte das Geschehen zur Hälfte von der Zeit bestimmt werde, vom Glück und dem Geschick der Dinge, «aber die andere Hälfte, oder doch beinahe soviel» müsse vom Geist des Menschen, seiner Gemütsart, Besonnenheit und Energie verantwortet werden. Aber die Hinzufügung «beinahe soviel» ist doch sehr wichtig, denn der mächtigere Faktor in der Geschichte ist für Machiavelli jedenfalls die Zeit. Seiner Beobachtung nach kann man nicht von einem gleichwertigen Zusammenspiel von Zeit und Geist sprechen, sondern der Mensch ist angewiesen, seinen Geist der mächtigeren Zeit anzupassen, weil «der Mißerfolg haben muß, der mit den Zeiten in Widerspruch gerät». Ja, notfalls muß er seinen Geist, die Verständigkeit und alle Geduld preisgeben, wenn die Zeit von ihm blindes Drauflosschlagen verlangt. Vermag er es nicht, so geht er gerade an diesen Anforderungen der Zeitläufe zugrunde. «Hätte er seine Gemütsart mit den Zeiten und Umständen geändert, so hätte das Schicksal sich nicht geändert.»[16] Machiavelli weiß also sehr wohl um den die Geschichte begründenden Zusammenhang von Zeit und Geist, aber die Vordergründigkeit und der Naturalismus, womit dieser Bezug gleichgesetzt wird, läßt die Geschichte als ein Ergebnis dieses Zusammenhanges kaum mehr erkennen, und der Vorrang, den die Zeit bei ihm einnimmt, bewirkt darüberhinaus, daß schließlich die Moral von der Sache wichtiger wird als die Sache selbst.

Aber auch die andersgeartete Verlagerung des Schwergewichtes im Verhältnis von Zeit und Geist auf die Seite eines bestimmenden Geistes in der Geschichte, wie man sie im «Politischen Gespräch» Rankes finden kann, hat eine verzerrte Vorstellung vom Gang und Leben der historischen Dinge nicht verhindern können.[17] Denn hier ist es der Geist, der über dem historischen Geschehen waltet und es in seiner Bewegung erklärt. Nun ist der von Ranke gesehene Geist zwar noch der vom Menschen kommende und aus dem Menschen zu verstehende Geist, aber lebendig ist er nur in den die menschlichen Gemeinschaften zusammenhaltenden Staaten; dadurch ist er bei Ranke zu einem abstrakten oder jedenfalls ideellen Geistgebilde geworden, da sich nur in diesen staatlichen Formen der Geist kondensiert, bzw. umgekehrt: «Durch die geheime Wirksamkeit zusammenhaltender Ideen bilden sich allmählich die großen Gemeinschaften.» Diese präsentieren sich dann dem Historiker von der Schauseite als «geistige Wesenheiten, originale Schöpfungen des Menschengeistes», die letztlich «göttlichen Ursprungs» sind. Eine Idealität des Staates, die aus der Religion heraus den Geist in der Geschichte repräsentiert, hält das Ganze zusammen, sie ergießt sich in jeden Einzelnen, «daß er von dem geistigen Leben desselben etwas in sich fühle», und sie führt dazu, daß «unsere Tätigkeit ... an und für sich hauptsächlich dem Gemeinwesen» angehört. Wohl gibt es für Ranke neben dieser Macht des Geistes die Macht der Zeit, es gibt die Gelegenheit, das Glück des Augenblicks, aber ihre Auswirkung fällt doch nur dem Ideal zu, denn das Glück ist nur der «Moment, in welchem die Unabhängigkeit erkämpft und in Besitz gebracht ist». So wird die Geschichte bei Ranke schließlich verstanden als der weltliche Plan Gottes, nicht als die aus Zeit und Geist des Menschen resultierende Wirklichkeit der Welt.

Angesichts dieser Problematik innerhalb der Historie ist es von höchstem Interesse, zu welchem Ergebnis Jakob Burckhardt in dieser Frage des Zusammenhanges von Zeit und Geist gelangt ist. Denn auch bei ihm findet man die Neigung zur Überbetonung des Geistes in der Geschichte; dem Typischen, Wiederkehrenden wird in seinen historischen Werken der größere Wert beigemessen. Nicht umsonst bezeichnet er Schopenhauer in seinen Briefen immer wieder als seinen Philosophen. Beide bekennen sich fast mit denselben Worten zu der Auffassung, daß das Wesen der Philosophie im Subordinieren, dasjenige der Historie aber im Koordinieren liege.[18] Aber schließlich sind der Historiker und der Philosoph jeweils in ihrem Lager geblieben, weil Schopenhauer die Ordnung der Welt durch ein abstraktes und auch über den Menschen hinausgehendes Prinzip bestimmt sah, während sich für Burckhardt die Ordnung der Welt um eine beherrschende innerweltliche Realität, den Menschen, herumgruppierte. In der wichtigeren Frage nach der Ursache dieser Ordnung folgte er dem ersten historisch denkenden Philosophen, Platon, der im «Phaidros» das sich selbst Bewegende als die einzig mögliche Quelle und den Anfang und Bestand aller Bewegung bezeichnete.[19] Und sein ursprünglicher Sinn für ein historisch sich vollziehendes Leben ließ Burckhardt wenigstens in der Theorie die einander bedingende Wechselseitigkeit von Zeit und Geist als die eigentliche Quintessenz des historischen Denkens umreißen, als er in den «Weltgeschichtlichen Betrachtungen» alle Streitigkeiten um Geist und Materie überspielend sagte: «Da das Geistige, wie das Materielle wandelbar ist, und der Wechsel der Zeiten die Formen, welche das Gewand des äußeren wie des geistigen Lebens bilden, unaufhörlich mit sich rafft, ist das Thema der Geschichte überhaupt, daß sie die zwei in sich identischen Grundrichtungen zeige und davon ausgehe, wie erstlich alles Geistige ... eine geschichtliche Seite habe ... und wie zweitens alles Geschehen eine geistige Seite habe, von welcher aus es an der Unvergänglichkeit teilnimmt. Denn der Geist hat Wandelbarkeit, aber nicht Vergänglichkeit.» Erst in solcher Verbindung von Zeit und Geist, die keinen dialektischen, logischen, schicksalhaften oder zufälligen Charakter und eine entsprechende Zweckausrichtung hat, sondern sich als die reine Bedingung von Geschichte in der Welt erweist, gewinnt Geschichte ihren Wert für den Menschen als der Weg zur innerweltlichen Transzendenz des Lebens. Verkennt man diesen geistigen Bezug der Zeit und die allgemeine Relevanz des Augenblicks, dann braucht man die Geschichte nicht, weil der dem historischen Verständnis zugrundeliegende philosophische Wert dann nicht sichtbar und nicht fruchtbar wird.

Indem wir damit die historische Vorstellung von Zeit und Geist herausgestellt, ihre Entstehung spezifisch für die Geschichte aus dem Menschen allein und ihre bewegende Wirkung durch die wechselseitige Verbindung im Menschen dargelegt haben, ist auch die Differenz zur Philosophie klar geworden. Auch dort, wo diese historisch strukturiert und orientiert ist und in Zeit und Geist schließlich die Geschichte als Weltwirklichkeit findet, bleibt ihr das eigentlich Geschichtliche in der Welt verborgen, weil sie dessen Ursache in einem außergeschichtlichen Gesetz oder Prinzip sucht, nicht aber in der realsten Potenz, im Menschen. Erst indem die Historie die menschengemäße Weltwirklichkeit von Zeit und Geist sich aus dem Menschen selbst herausentwickeln sieht und jede Bewegung im Menschen als Anfang und Ziel zusammenbindet, gibt sie eine eigene Vorstellung und Rechtfertigung der Welt. Diese Vorstellung hat zwar in der Historizität ihre Grenzen, aber ihren Gewinn in der jederzeitigen Überprüfbarkeit ihrer selbst, in der Illusionslosigkeit bezüglich ihrer Möglichkeiten und in der Menschengemäßheit mit allen positiven und negativen Kennzeichen.

4. *Der Mensch in der Historie*

Der Mensch als Träger von Zeit und Geist gibt der Geschichte ihre Realität, er ist eine unerschöpfliche Quelle von Geschichte, und er ist folglich auch die beständige, unaustauschbare Kraft, aus der die Geschichtswissenschaft ihre sich stets erneuernde Relevanz gewinnt. Die seit der Preisgabe der ideologischen Positionen des Liberalismus, Nationalismus, Faschismus usw. im Westen immer wieder auftauchende Frage, ob Geschichte überhaupt oder noch relevant sei, ist an sich undiskutabel, weil es Geschichte einfach gibt und sie sich aus der Weltwirksamkeit des Menschen immer neu ergibt. Die Errungenschaften der Technik, des Christentums, der französischen Revolution oder die Maschinerie der Staatsverwaltung könnten nur durch eine totale Naturkatastrophe ausgelöscht werden. Gewiß kann man allen Widersachern der Historie zugeben, daß die der Gegenwart zunächst verborgenen geschichtlichen Entwicklungen nur aufgegriffen und hergestellt werden im menschlichen Bewußtsein. Aber das Bewußtsein ist eben gerade jene Kraft, Überindividuelles in das menschliche Leben hereinzunehmen oder existenzielles und materielles Leben zu transzendieren, in die Gesellschaft, in die Kunst, in die Psyche, in die wissenschaftliche Theorie, warum schließlich nicht in die Zeit?

Eine andere Frage ist es freilich, welchen Stellenwert diese Relevanz der Geschichte im Gesamtgefüge der wissenschaftlichen Welt und der Menschenerschließung selbst hat. Es ist nur billig davon auszugehen, daß dieser Stellenwert nicht größer sein kann, als die historische Komponente im Leben des Menschen ist. Das heißt also, nicht die historische Idee ist maßgebend für die Menschenvorstellung, sondern eine realistische Menschenbetrachtung setzt erst den richtigen Ausgangspunkt dafür, welche Bedeutung der Geschichte beizumessen ist. Es wäre aber unrealistisch, zu behaupten, der Mensch sei allein zeitlich strukturiert, folglich ein rein historisches Wesen und erschöpfe sich darin, Vehikel des historischen Prozesses zu sein. Er läßt sich folglich nicht vollständig aus der Geschichte begreifen. Wenn also im vorigen Abschnitt der Mensch als Beweger der Geschichte in Zeit und Geist herausgestellt wurde, so sollte damit nicht der monistischen Welterklärung aus der Geschichte bei Hegel hier eine monistische Geschichtserklärung aus dem Menschen entgegengestellt werden.

Wohl gab es einen solchen Versuch, im Bild vom absolut historischen Menschen einen solchen Gegen-Monismus zu kreieren, aber er ist nicht von der Geschichtswissenschaft unternommen worden, sondern vom philosophischen Historismus um die Wende des 20. Jahrhunderts. Denn bei Wilhelm Dilthey hat zwar das philosophisch-historische Denken aufgehört zu expandieren, also im Sinne Hegels die geschichtliche Wirksamkeit des Menschen gleich mit der Weltgeschichte zu verknüpfen, aber dafür erschien nun der Mensch in entgegengesetzter Weise überhaupt als Produkt der Geschichte, indem die äußeren historischen Entwicklungen völlig hereingenommen wurden in seine individuelle Geschichtlichkeit, bzw. man hat die existentielle Zeit, jede Zeit, sogleich mit Geschichte identifiziert. Das Bewußtsein von den historischen Bedingungen und Formen des Lebens löst für Dilthey auch bereits die Frage nach dem Menschen und seiner Lebensform, da er meint: «Das historische Bewußtsein von der Endlichkeit jeder geschichtlichen Erscheinung, jedes menschlichen oder gesellschaftlichen Zustandes, von der Relativität jeder Art von Glauben ist der letzte Schritt zur Befreiung des Menschen. Mit ihm erreicht der Mensch die Souveränität, jedem Erlebnis seinen Gehalt abzugewinnen, sich ihm ganz hinzugeben, unbefangen, als wäre kein System von Philosophie oder Glauben, das den Menschen binden könnte.» Ganz subjektivistisch, emotional und atomistisch spricht Dilthey vom Erlebnis als der «Urzelle der geschichtlichen Welt», weil sich im rezeptiven Erleben und Verstehen das Subjekt im unmittelbaren Wirkungszusammenhang des Lebens zu seinem Milieu befindet.[1] Darüberhinaus hat Dilthey – ganz in der Geistesgeschichte befangen – nicht mehr gesehen, daß das geschichtlich Gewordene nicht einfach mit der Vorstellung und dem Wollen des Menschen zu identifizieren ist – man könnte als Historiker eher zu der Feststellung neigen, daß in der Geschichte noch kein Mensch das ganz erreichte, was er eigentlich wollte – und daß ferner die menschliche Erlebniswelt auch andere Komponenten als die historische enthält. Diltheys Lebensweg ist davon gezeichnet, daß am Anfang seines historischen Arbeitens eine Biographie stand – und noch dazu die Biographie Schleiermachers[2] –, sodaß es zum mindesten nicht zufällig war, wenn sich bei ihm die Idee von der Identität menschlichen und historischen Verstehens am stärksten ausprägte.

Zwar hat dieser Historismus in der ersten Hälfte des 20. Jahrhunderts in Ernst Troeltsch, Theodor Litt, Erich Rothacker oder Benedetto Croce ein starkes Nachleben erfahren, doch ist durch die Diskussion um den Menschen in der Psychologie, Anthropologie, Kulturphilosophie und Soziologie die Kernidee von der totalen Historizität des Menschen und die entsprechende idealistische Auffassung von der Geschichte als einem Universum so sehr zerbröckelt worden, daß der Historismus nicht nur in die Krise geriet, sondern sich schließlich überhaupt überlebt hatte. Diese Zerstörung der historistischen Ausgangsposition im Bereich des geschichtsphilosophischen Denkens geht so weit, daß ein später Nachfahre dieser Bewegung, Hans-Walter Hedinger, nun die Historik ganz neu aufzubauen suchte unter der Maxime, daß «die Situation die Grundeinheit der Geschichte» ist.[3] Hedinger hat also die urtümlich historische Auffassung von der Einheit der Geschichte preisgegeben und auch auf die Erklärung der Geschichte aus Lage, Bedürfnis und Intention des Menschen verzichtet. Hier bleibt zwar, wie im Historismus auch, das gesamte Weltverständnis und der Zusammenhang alles Geschehens als eine historische Bedingung und als historischer Vollzug verbindlich, aber dies ergibt sich bei Hedinger nicht aus der Kontinuität menschlicher Art, sondern primär aus der Tatsache, daß alles Geschehen in historischen Situationen ruht und sich – wie auch bei Toynbee – aus der Einheit von Situation und Handlung ergibt. Dabei wird von der gesundheitlichen Beschaffenheit des Handelnden bis zur Erfassung der für obligatorisch gehaltenen ethischen und rationalen Normen alles in die Situation einbezogen und aus dieser allesumgreifenden Lagebedingtheit jeglichen Geschehens überhaupt die gesamtgeschichtliche Entwicklung erklärt. Die Geschichte löst sich damit auf in statische Momente, denn das Verhalten des Menschen in einer bestimmten Situation ist nur «das dynamische Zwischenglied, das eine statisch zu denkende Situation in eine neue wiederum statisch zu denkende Situation überführt»[4]. Was die Geschichte damit zu lehren hat, ist nicht die Entwicklung aus dem Vollzug und Widerspruch der menschlichen Intentionen, sondern eigentlich das situationsgerechte Verhalten, wie es auch die Sozialwissenschaften fordern. «Der Historie die Aufgabe der Erkenntnis von Situationen zuzuerteilen heißt dann zu sehen, wie Menschen – angesichts bestimmter geschichtlicher Bedingungen – je auf die Frage nach sich selbst faktisch geantwortet, welche Wesensbestimmung ihrer selbst sie gelebt haben, welche Möglichkeit des Menschen faktisch je existent gewesen ist.»[5] Unmißverständlich weist Hedinger bei dieser Aufgabenstellung die Geschichte einem größeren Wissenschaftsbereich zu, den er «Humanistik» nennt. Konsequent sieht Hedinger natürlich auch in der Zeit nicht eine über den Situationen und Handlungen stehende Struktur, sondern er meint, daß «eine Situation das zunächst gegebene (ist), und sie legt sich auseinander in Vergangenheit, Gegenwart und Zukunft»[6]. Damit bleibt zwar die Geschichte der Modus, nach dem man vergangenes Leben auffinden und nachprüfen kann, wenn auch aufgelöst in Milliarden von willkürlichen Situationen, aber eine die menschliche Welt umfassende, in der Kontinuität zu erkennende und als Notwendigkeit übergreifende Realität ist sie dann nicht mehr. Mit Hedingers Vorstellung von der ausschließlichen Bedeutung des historischen Augenblicks wurde schließlich doch nur die historistische Idee von der totalen Zeitlichkeit des Lebens weitergeführt und über die Geistesgeschichte hinausführend auf die allgemeine Geschichte angewandt.

In der Geschichtswissenschaft ist aus dem Gegensatz zu Hegel eine so weitreichende Konsequenz in Bezug auf den Menschen nicht gezogen worden, wie sie der philosophische Historismus bei Dilthey, Troeltsch und Croce ausbildete, und sie dürfte vermutlich auch den Weiterungen des Historismus in Hedingers Historik skeptisch gegenüberstehen. Denn sie bleibt zwar dabei, daß der Mensch einerseits die Ursache der Geschichte ist, andererseits durch die Geschichte auch eine Erklärung seines Wesens findet, aber sie geht dabei nicht so weit zu unterstellen, daß der Mensch die Geschichte nach seiner Intention formen kann und seinerseits durch die Geschichte determiniert sei. Selbst Friedrich Meinecke ist mit der Herausstellung des individuellen und evolutionären Charakters aller menschlichen Handlungen und Denkweisen nur an den Rand historisch-prinzipieller Erklärungen herangerückt, hat aber gerade darin dann keine Nachfolger oder Fortsetzer innerhalb der Geschichtswissenschaft gefunden. Oberflächlich gesehen scheint es darum, als ob die Historie die Frage nach dem Menschen nie im absoluten und definierenden Sinne zu beantworten versucht habe, vielmehr einer solchen Antwort durch Personalisierung, Individualisierung oder durch Gruppencharakterisierung ausgewichen wäre. Das eigentliche Dilemma der Geschichtswissenschaft liegt aber darin, ihre Stärke, unmittelbare Bedeutung und immerwährende Relevanz aus der Tatsache zu empfangen, *daß* der Mensch ihr Gegenstand ist; ihre Schwäche im Prinzipiellen, die Unsicherheit ihrer Ergebnisse und die Unvollständigkeit ihres Wissens ist jedoch darin zu suchen, daß sie nicht weiß, erklärt und definiert, *was* der Mensch ist. Eine konkrete und gültige Aussage darüber, ob der Mensch aufgrund der Erkenntnisse aus der Geschichte biologisch oder wirtschaftlich-materiell oder religiös strukturiert ist, ob er geistig fortschreitet oder bloß triebhaft lebt, ob er nur als Werkzeug fungiert, vom Zufall abhängig ist oder als Heros wirkt, würde die Historie zur Schlüsselwissenschaft machen. Nun liegt aber deren selbstgesetzte Aufgabe nur darin, zu wissen, wie durch den Menschen Geschichte wird und was für den Menschen Geschichte ist. Sie will nicht den Menschen an sich zeigen, sondern ihn nur in seiner historischen Rolle erfassen. Eine solch beschränkte Fragestellung ist aber nicht die Folge einer Fehlkonstruktion der Geschichtswissenschaft, die eventuell zu reparieren wäre, sondern sie ergibt sich aus der Grundeinstellung der Historie zum Menschen. Indem wir diese Grundeinstellung umreißen, läßt sich auch die ganze Differenz ermessen, die zwischen der philosophischen und der historischen Geschichtserklärung besteht; dann wird sich ferner erweisen, warum der philosophische Historismus ein Irrweg war, und dann läßt sich schließlich auch Stellung nehmen zur Frage nach dem Charakter der Geschichtswissenschaft überhaupt.

Aus dem Blickwinkel der Historie zeigt sich der Mensch nicht in monistischer Weise als ein ideell fixierbares Wesen, sei es wirtschaftlich, religiös, progressiv usw., und er zeigt sich nicht als ein pluralistisch-pointillistisches Konglomerat, das sich nur in den diversesten Einflüssen und Verhaltensweisen einer bestimmten Situation widerspiegelt, sondern dem Historiker bietet sich aus der Geschichte ein dualistisches Bild vom Menschen: einerseits orientiert auf sich selbst, der eigenen Vorstellung von sich zugewandt und aus den Kräften seiner Individualität lebend, andererseits aber mit dieser ganzen Individualität ausgerichtet auf die Welt, ständig darin begriffen, seine Reflexion in Handlung und Wirkung umzusetzen und durch diese Wirkung sich selbst zu bestätigen. Es ist vor allem die historische Methode, die aus der Erfassung des Geschehens aufgrund der vorhandenen Quellen eine solche dualistische Betrachtungsweise nahelegt. Denn die Quellen sprechen nicht vom Wesen der Menschen, sondern von ihren Handlungen, und erst aus den Handlungen führen sie an den Menschen, seine Bedingungen, seine Motive und seine Ziele heran. Nur durch die Wirkung zeigt sich der Mensch in der Geschichte. Ranke hat dies mit ein paar Sätzen über Papst Paul IV. – die cum grano salis auf jede historisch wirksame Gestalt anwendbar sind – umrissen, als er sagte: «Von Zeit zu Zeit bilden sich solche Naturen wieder aus, und wir begegnen ihnen auch heutzutage zuweilen. Leben und Welt haben sie von einem einzigen Punkt aus begriffen; ihre individuelle, persönliche Richtung ist so gewaltig, daß ihre Ansicht völlig davon beherrscht wird; ... unaufhörlich strömen sie die Gesinnung aus, welche sich in ihnen mit einer Art von Notwendigkeit entwickelt. Wie höchst bedeutsam werden sie dann, wenn sie an eine Stelle gelangen, wo ihre Tätigkeit lediglich von ihrer Meinung abhängig ist und die Macht sich zu dem Willen gesellt.»[7]

Betrachten wir diese Doppelseitigkeit des Menschen im Lichte der Geschichte und ihre Folgen für die Geschichtswissenschaft, so ist offensichtlich, daß das historische Handeln des Menschen in Tiefen geboren wird, in die das Licht keiner Quelle hinableuchtet. Die Entscheidung des Menschen steht unter den Voraussetzungen von Eigenart und Erziehung, Einfluß, äußeren Eindrücken, Zwangslagen, Berechnungen und Hoffnungen, für die es in ihrer Gesamtheit kein sicheres, rational abschätzbares und aus der Wirkung beurteilbares Wissen geben kann, wenigstens nicht für eine Wissenschaft, die ihre Urteile an Äußerungen und überprüfbaren Handlungen bildet und deren Ziel darin liegt, allein in diesen Wirkungen eine Entwicklung und damit eine übergeordnete Begründung zu erkennen. So sind für den Historiker nicht nur im anonymen, aber historisch handelnden Menschen die persönlichen Motive der Entscheidung letztlich nicht zu erkennen, z. B. wieweit Gleichgültigkeit, berufliche Situation, fremder Einfluß, wirkliche Einsicht oder politischer Fanatismus eine Wahlentscheidung herbeiführten, wieweit familiäre Zwangslage, persönliches Abenteurertum, wirkliche Not oder reale Chancen einen Auswanderer antrieben oder wieweit eine allgemeine Atmosphäre, Angst vor Benachteiligung, persönlicher Neid usw. den Empörer zum Bauernkrieg trieben. Auch bei der sog. historischen Größe sind die Grenzen für ein historisch-wissenschaftliches Erkennen der treibenden individuellen Motive eng gesetzt. Luthers persönliche Seelenangst, Wallensteins Entschlußlosigkeit oder Hitlers Sendungsbewußtsein können zwar angesprochen, aber nicht ausgemessen werden. Das Ausmaß, in dem Richard Wagner den deutschen Nationalismus förderte, wird für einen Historiker nie zu erfassen sein; Wagner selbst konnte nicht ahnen, welche Folgen sein Werk haben würde. Oder welche Unsumme persönlicher Momente findet sich in dem vom Wundersamen bis zum Entsetzlichen reichenden Geschehen um die Jungfrau von Orléans, ohne daß der Historiker die Möglichkeit hätte, die Geschichte Frankreichs in diesem Augenblick aus den persönlichen Antrieben, Verhältnissen und Absichten völlig zu erklären. Er sucht zwar alle Momente des Werdens zusammen, aber letztlich muß er alle diese Möglichkeiten des Werdens im Licht des Gewordenen resümieren. Wie es klar ist, daß der Mensch der Historie nicht restlos zugänglich ist – die Fülle vorhandenen Quellenmaterials hat das Verständnis in der Geschichtsschreibung bekanntlich noch nie erleichtert, sondern eher nur erschwert –, so ist es auch unbestreitbar, daß der Mensch in seiner Personalität nicht völlig in der geschichtlichen Bewegung aufgeht, bzw. daß er eben nicht «vernünftig» im Sinn der Entwicklung handelt, sondern individuell. Wenn man sieht, daß ausgerechnet der rationalistische Machtpolitiker Philipp II. insbesondere die aller Ratio hohnsprechenden Gemälde des Hieronymus Bosch liebte und sammelte, so wird man wohl sagen können, daß der Weg vom erkennenden zum erkannten Individuum leichter gefunden wird durch die Intuition des Dichters als durch die Identifikation des Biographen.

So ungerechtfertigt es also wäre, den Menschen in seiner Personalität, in seiner Ausrichtung nach innen und auf sich selbst historisch bedingt zu sehen, so notwendig ist es, den Menschen in seiner Ausrichtung auf die Welt, in seiner Intention und seiner Arbeit ganz als eine historische Erscheinung zu verstehen, weil diese Ausrichtung nach außen ihrer Substanz und ihrem Wert nach Wirkung in der Welt ist, weil sie selbst in der Tradition historischer Wirkungen steht und weil sie aus der eigenen Wirkung in der Welt auch ihre Legitimation erhält. Für die Geschichtswissenschaft ist freilich wichtig, daß diese Ausrichtung des Menschen auf die Welt historisch-wissenschaftlich nur dort interessant und wichtig ist, wo der Mensch tatsächlich historische Wirkungen erzielt. Damit wird zwar nicht übersehen, daß auch der die Geschichte nur erleidende Mensch, der Kriegsinvalide, das Contergankind, die getrennte Familie oder das von der gezielten Ausrottung betroffene Indianervolk ebenfalls ganz und gar in seiner Wirksamkeit geschichtlich bedingt ist und seine reduzierte Wirkung historisch erklärt werden muß; und die Abhängigkeit der Historie von der Effizienz des Menschen in der Geschichte besagt anderseits nicht, daß die Historie nur dem Erfolgreichen ihre Aufmerksamkeit schenkt, sodaß Geschichte nur eine Rechtfertigung des Faktischen wäre. Auch Märtyrer haben ihre Wirksamkeit, verlorene Kriege zeichnen das menschliche Geschick in unzähligen Fällen, und erst aus der Kenntnis eines Entwurfes läßt sich z. B. die Tragweite einer Gesetzesausfertigung erkennen. Es soll mit diesem Satz nur gesagt sein, daß für die Historie als Wissenschaft der Mensch – sei es als Individuum oder als Gruppenglied – lediglich bedeutsam ist, soweit er geschichtswirksam geworden ist als verursachender Faktor oder eine im historischen Geschehen greifbare Gestalt. Also, nicht der Mensch an sich ist Gegenstand der Geschichte, sondern nur der Mensch, insofern er historische Kraft ist. Denn die Geschichte selbst ist zwar die Gesamtheit des menschlichen Lebens in der Vergangenheit, und es gibt in dieser in Zeugnissen manifestierten Menschenwelt nichts, das nicht historisch erklärbar wäre; aber ihren wissenschaftlichen Wert erhält die Historie erst dadurch, daß sie die Kräfte zu erfassen versteht, die eine historische Wirkung entfalteten, und ihren Dienst erfüllt sie nur unter der Voraussetzung, daß dieses historische Leben in exemplarischen Formen erscheint.

Diese in faßbaren Formen wirkenden Kräfte in der Geschichte sind mannigfaltig: es sind die tatsächlichen Gemeinschaftsgebilde (Staaten, Städte, Kirchen, Gewerkschaften usw.), es sind Fakten mit stabilisierendem oder veränderndem Charakter (z. B. Bündnisse, Wanderungsbewegungen, Kriege, Revolutionen, wirtschaftliche Expansionen, Rechtsnormen), ferner geistige Manifestationen von überpersönlicher Bedeutung (Symbole, Versammlungen, Religionen, Hofkulturen, Publizistik und Literatur usw.), schließlich die historischen Persönlichkeiten, die zum Symbol ihrer selbst werden und nicht mehr nur die Verfechter schon bestehender Prinzipien sind.

Zwei Momente erscheinen in einer solchen Erfassung der Geschichte als der historischen Wirkung von überpersönlichen, beständigen und geformten Kräften von Wichtigkeit: zum einen gewinnt die Geschichte erst aus der Bildung, Bewegung und Zersetzung von solchen Kräften ihre unmittelbare Realität, ihre Überschaubarkeit, ja man könnte geradezu sagen ihre Vernünftigkeit, wenn man darunter versteht, daß die Geschichte ihre rationale Erklärung aus der Wirksamkeit hinreichender und allgemeiner Faktizitäten mit eigener Mobilität findet. Insofern kann die richtige Erfassung der historischen Kräfte auch zum Schlüssel für die Erkenntnis der geschichtsbildenden Tendenzen einer jeweiligen Gegenwart werden. Im Spiegel dieser historischen Kräfte erweist sich die Geschichte nicht nur als eine beliebige Projektion literarisch oder intellektuell besonders wacher oder aufgeregter Geister, sie ist nicht die einlinige Rennbahn des Geistes im Sinne Hegels, und sie ist auch nicht ein bloßes Sammelsurium der diversesten Individualitäten, wie es Bergson meint, der die Geschichte bloß als die retrospektive Erklärung des Geschehenen aus den Gegebenheiten der Gegenwart verstehen möchte. Er sagt: «Allein durch ihren Vollzug projiziert die Wirklichkeit hinter sich ihren Schatten bis in die unbestimmte Weite der Vergangenheit. Sie scheint so unter der Form des bloß Möglichen vor ihrer eigentlichen Verwirklichung existiert zu haben. Daher rührt der Irrtum, der unsere Auffassung von der Vergangenheit so verdirbt... Um ein einfaches Beispiel anzuführen: nichts hindert uns heute daran, die Romantik des 19. Jahrhunderts mit dem zu verknüpfen, was bei den Klassikern bereits romantisch war. Aber der romantische Aspekt des Klassizismus hat sich erst klar abgehoben durch die retroaktive Wirkung der Romantik...»[8] Hätte Bergson die Kräfte der Klassik als ein formales und inhaltliches Phänomen von historischer Kraft gesehen, so würde er ihre historische Erscheinung und ihre die Romantik begünstigenden Tendenzen erfaßt und diese nicht als eine Erfindung scheinbaren Zufalls der Retrospektive erklärt haben. Ja, wenn er den Menschen nicht als eine historische Zufallserscheinung, sondern als eine aus der Geschichte sich bildende Gestalt mit eigener, bestimmter und beabsichtigter Wirkung angesehen hätte, würde er diese Worte nicht haben schreiben können.

Damit kommen wir zum zweiten wichtigen Moment aus der Erfassung der Geschichte in ihren Kräften, nämlich zum Menschen. Denn es ist offensichtlich, daß alle die erwähnten historischen Kräfte nur Erscheinungen, Folgen und Projektionen menschlichen Wirkens sind. Der Zufall, ein Gesetz, die Vernunft oder selbst eine Naturkatastrophe für sich sind keine historischen Kräfte mit eigenen historischen Wirkungen, sondern allein der Mensch ist es, der durch seine Einsicht, seinen Willen und sein Wirken solche Kräfte zustandebringt, damit Entwicklungen vollzieht und Geschichte macht. Eine solche Aussage ist freilich kein Ableger der alten personalistischen und idealistischen Geschichtsauffassung, in der die Geschichte als die Welt der großen Persönlichkeiten gesehen wird im Gegensatz zu den sozialgeschichtlich bestimmten Auffassungen, in denen Geschichte nur als ein Feld von Strukturen, publizistischen Tendenzen, anonymen Wirtschaftsvolumina und Bevölkerungsquanten betrachtet wird. Vielmehr meint die vorgetragene Vorstellung vom geschichtstragenden Menschen, soweit er historische Kraft ist, inhaltlich eigentlich den halben Menschen, also die der Geschichte und der historischen Wirkung zugewandte Seite des Menschen. Und auch hier gilt es nochmals zu differenzieren, denn die Aussage vom halben Menschen meint nicht, daß man einen Luther, einen Napoleon oder auch den auf dem Schlachtfeld sterbenden Soldaten in seiner Wirksamkeit und seiner Existenz getrennt betrachten könne. Wohl aber kann und muß man den historisch wirkenden Menschen von der Geschichte her aufteilen in jenen Bereich, der uns in seinen Handlungen zugänglich, erklärlich und auch verantwortlich ist, und in jenen anderen Bereich, der als die Summe der Voraussetzungen, der Sachzwänge, der psychischen Bedingungen und der augenblicklichen Intentionen nicht mehr voll erfaßbar ist und weitgehend als Faktum akzeptiert werden muß. So geht die Historie zwar mit Recht vom Primat der Politik aus, aber der Politiker kann diesem Primat nur gerecht werden, wenn er das vorhandene Potential von gesellschaftlichen und wirtschaftlichen Faktoren richtig in sein Handeln einbezieht und es zu nützen versteht. Gewiß besteht, nach einem treffenden Wort aus den Memoiren Ludwigs XIV. die ganze «Kunst der Politik darin, sich der Zeitumstände zu bedienen»; aber die Zeit hat gerade darum auch die andere Hälfte des Erfolgs in der Hand. Neben den zu früh Geborenen, wie z. B. den Toleranzpredigern im 16. Jahrhundert, und den zu spät Gekommenen, wie z. B. den deutschen Liberalen nach 1945, haben nur wenige vermocht, die Gegenwart direkt in die Zukunft hineinzuführen, wie Gregor VII., wie Richelieu oder wie Lenin. Die Wirksamkeit aller historischen Kräfte ist nur eine relative, aber entscheidend bleibt, zu sehen, daß im Wirken des Menschen in die Welt hinein die eigentliche Quelle der Geschichte liegt.

Wenn die Geschichtswissenschaft also davon ausgeht, daß Zeit und Geist der Geschichte aus dem Menschen herauswachsen, so meint sie mit dem die Geschichte gestaltenden Menschen doch nur den halben, in seinem Werk manifesten, in seinem Wirken erfaßbaren Menschen, während sie an sich nicht nach den inneren Gründen, den persönlichen Voraussetzungen und dem Bewußtsein des Menschen von sich fragt: die Quellen lassen solche Auskünfte nicht in hinreichendem Maße zu, und der Zweck der Historie liegt nicht darin, historische Psychologie zu treiben, sondern eben die die Welt bewegende Geschichte zu verstehen. Sie wird aber nur aus den Handlungen des Menschen und deren Wirkungen verstanden, und nur aus den Handlungen gewinnt der Historiker den Blick auf den Menschen. Dieser Blick ist zu kurz, er ist auch zu sehr an die historische Situation geknüpft, um vom ganzen Menschen sprechen zu können. So kann und will die Historie den Menschen nur aus der von ihm selber bewirkten Zeit erfassen, sie zeichnet die Möglichkeiten ab, die er wahrnimmt, sie registriert die Entscheidungen, die er trifft, und sie verfolgt den Weg, den er geht. Aber indem sie so den Menschen zeigt, wie er im Spiegel der Zeit erscheint, erfaßt sie eben nur den halben Menschen. Deshalb geht sie nicht von einem bestimmten und vollständigen Menschenbild aus, und sie zielt auch nicht auf ein solches ab. Die Menschenvorstellung des philosophischen Historismus vom total historischen Wesen unterliegt gerade dem Fehler, daß hier vom historisch faßbaren und historisch lebenden Menschen auf den ganzen Menschen geschlossen wird. Da die nur beschränkten Möglichkeiten der Historie dabei nicht berücksichtigt werden, geht das Menschenbild des Historismus auch an der Realität des historischen Menschen vorbei.

Wohl aber wird man sagen können, daß die Einsicht in diese Schranken der Historie und die Bewußtheit, mit der sie den halben, den wirkenden Menschen erfaßt, ein gewichtiger Schritt zum ganzen Menschen ist. In der Spiegelung seines Wirkens und damit seiner äußeren Erscheinung liegt darum auch der Dienst, den die Historie dem Menschenverständnis überhaupt leisten kann, und gerade in dieser Beschränktheit liegt ihr fruchtbarer, ja unentbehrlicher Beitrag.

Nach diesen Darlegungen über die Ausrichtung, die Aufgabe und die Relevanz der Historie ist schließlich noch ein Exkurs über die Charakteristik dieser Wissenschaft anzufügen. Da die Offenheit der modernen Geschichtswissenschaft für alle Epochen der menschlichen Geschichte, alle Teile der menschlichen Gesellschaft und alle Formen der öffentlichen Ordnung selbstverständlich und ein nicht weiter zu besprechendes Faktum ist, so ergibt sich eine solche Charakteristik weder aus einer weiteren Definition noch aus dem möglichst rasch und direkt herzustellenden Anschluß an moderne Wissenschaftstendenzen, sondern vor allem aus der Abgrenzung. Primär erscheint es wichtig, sich über den Ausgang der Historie im Ganzen vom philosophischen Denken und damit auch über ihre Zugehörigkeit zum Bereich der theoretischen und bewußtseinsmäßigen Orientierung des Menschen klar zu sein und an ihr auch festzuhalten. Damit ist freilich nicht eine Zuweisung zum Wissenschaftsbereich der Philosophie oder die Charakterisierung der Historie als philosophische Wissenschaft gemeint. Denn wie sie methodisch nicht logisch-systematisch vorgeht, sondern demonstrativ-pragmatisch, so ist auch thematisch ihr Feld nicht das Verhältnis zwischen Sein und Dasein, sondern die Realität der menschlich-gesellschaftlichen Welt in ihren zeitlichen Formen und Bedingungen. Die Frage nach dem Menschen in seiner geistigen Gestalt ist Philosophie und Historie gemeinsam, und die Gewinne, die beiden Disziplinen bei der Beantwortung dieser Frage aus der jeweils anderen zu ziehen vermochten, sind von gleichem Gewicht. Für die Historie ist durch den beständigen Einfluß der Philosophie der Blick für die Normen historischen Wertens geschärft worden. Dies belegt nicht nur Meineckes Werk, es kann praktisch in jeder Dissertation nachgewiesen werden. Für die neuere Philosophie ist aber vor allem die sich aus dem historischen Denken ergebende Geschichtlichkeit des Menschen fruchtbar geworden, die dann den philosophischen Existenzialismus geprägt hat. Daneben wurde auch in der Gesellschaftsphilosophie der historisierende Einfluß immer stärker. So ist das Verhältnis beider Wissenschaftsrichtungen weniger eines der Unterordnung als vielmehr der Nebenordnung. Darüberhinaus macht die Unmöglichkeit, das Stoffgebiet der Philosophie historisch und dasjenige der Historie philosophisch zu bearbeiten, die in all den kentaurischen Gebilden der Geschichtsphilosophie zutagetritt, die Notwendigkeit einer selbständigen Wissenschaftspraxis innerhalb dieser Fächer von theoretisch-pädagogischer Bedeutung und Zielsetzung genügend evident. Auch die Einreihung oder Charakterisierung der Historie als «Geisteswissenschaft» im Sinne Diltheys erscheint so schließlich unangebracht, weil sie nicht nur auf eine ideelle Selbstbestimmung und Selbstdarstellung des Menschen ausgerichtet ist, sondern eben auf die Rolle, die der Mensch realerweise in der Welt spielt.

Zweitens darf die Historie nicht zum Zweck einer gewissen Praktikabilität einfach einer neu zu kreierenden «Humanwissenschaft» zugewiesen werden. Abgesehen davon, daß angesichts der notwendigen Zugehörigkeit so weitgestreuter Wissensbereiche wie Religion, Medizin, Jurisprudenz usw. ein solcher Begriff der «Humanwissenschaft» immer verschwommen bleiben muß, hat die Historie gerade von einer um jeden Preis zu erstrebenden Anwendbarkeit keine neue Dignität zu erwarten. Für das Studium menschlicher Verhaltensweisen und für die Gewinnung struktureller Normen gibt die Historie gerade deshalb wenig her, weil sie eben Historie ist, d. h. von der zeitlichen Bedingheit aller historischen Phänomene ausgeht. Wenn daher Claude Lévi–Strauß Historie und Ethnologie gleicherweise als Humanwissenschaften betrachtet, «da sie dasselbe Objekt haben, nämlich das soziale Leben», und wenn er folglich diese beiden Disziplinen lediglich dadurch unterschieden sieht, daß die Perspektive der Historie auf die bewußten Äußerungen, diejenige der Ethnologie aber auf die unbewußten Bedingungen des sozialen Lebens gerichtet ist[9], so reicht eine solche Charakterisierung jedenfalls für die Historie nicht aus. Denn es geht in der Geschichtswissenschaft gerade nicht um bestimmte und vergleichbare Gesellschaftsstrukturen, sondern es geht in ihr vor allem um die Ausmessung der Bewußtheit des handelnden Menschen und demgemäß um die Vertiefung des Bewußtseins des betrachtenden Menschen. Die Alternative, die die Historie für eine solche Ablehnung des psycho-sozialen Aspektes als Wissenschaftsziel bietet, ist aber nicht einfach der Rückfall in die biedere Ereignis-Rekonstruktion, sondern sie liegt eigentlich in der Darlegung der Historizität des Handelns selbst, auch in der Aufschließung von Notwendigkeit, Umfang und Bedeutung der Historizität der einzelnen geschichtlichen Lebensformen in Gesellschaft, Wirtschaft, Herrschaft und Kultur.

Als dritte Möglichkeit bleibt die Zuweisung der Historie zu den Sozialwissenschaften, und dies ist der am liebsten und häufigsten beschrittene Weg in dem hilflosen Bemühen, neue Relevanzen zu suchen und neue Rechtfertigungen für die Historie als Wissenschaft zu schaffen. Dieser Weg erscheint vor allem deshalb nicht nur als naheliegend, sondern sogar als zwingend, weil es die Historie bei aller Bindung an bestimmte Situationen, Entwicklungen und Individuen notwendig und immer auch mit sozialen Gebilden, Bedingungen und Wirkungen zu tun hat. Aber es ist doch ein grundlegender Unterschied und eine nicht austauschbare Prämisse, ob Soziales historisch erklärt wird oder ob man, wie in der Soziologie nach den Worten eines ihrer bedeutendsten Vertreter, Emile Durkheim, davon ausgeht, Soziales nur durch Soziales zu erklären. Heute hält die Soziologie die weitgehenden Konsequenzen, die sich aus dieser These Durkheims ergeben können, nicht mehr aufrecht, auch für sie ist es selbstverständlich geworden, daß das Soziale nur einen Teilaspekt im menschlichen Dasein darstellt, und es hat sich Georg Simmels Auffassung durchgesetzt, daß «der Gegenstand der Lehre von der Gesellschaft nicht in irgendwelchen als Kollektivitäten sich darstellenden realen Wesenheiten zu suchen sei, sondern in der Gesamtheit zwischenmenschlicher Beziehungen und ihren verschiedenartigen Formen, Gestalten, Systemen und Strukturen.»[10] Doch haben die von Durkheim gelegten Grundlagen besonders im positiv-positivistischen Zweig der modernen Soziologie ihre Bedeutung und ihre Wirkung nicht verloren, sodaß sich an seinen 1894 erstmals erschienenen «Regeln der soziologischen Methode»[11] die Verschiedenheit sozialwissenschaftlichen und historischen Denkens demonstrieren läßt. Wie in der Historie, so geht nach Durkheim auch für die Soziologie die Möglichkeit einer wissenschaftlichen Erkenntnis, Aussage und Planung im Bereich der menschlichen Sozietäten von der Herstellung von Kausalitäten aus. Doch meint Durkheim, daß solche Kausalbeziehungen «in der Tat nur zwischen zwei gegebenen Tatbeständen festgestellt werden» können, also gegenwärtig bestehenden, greifbaren und praktisch modulierbaren Tatbeständen. Da für ihn die Vergangenheit demgemäß kein gegebener Tatbestand ist, sondern nur eine Fiktion, eine angenommene «innere Tendenz», die man zwar denken, postulieren oder konstruieren kann, die aber in Wirklichkeit «nicht gegeben» ist, so ist die Vergangenheit und folglich auch die Geschichte für die soziale Gestaltung wissenschaftlich nicht relevant. Aus der Annahme, daß die bewegende Kraft für eine gesellschaftliche Bewegung «nur eine andere Bewegung, nicht eine virtuelle Ursache» aus der Vergangenheit sein könne, zieht er den entscheidenden Schluß: «Der vorhergehende Zustand erzeugt nicht den nachfolgenden, sondern die Beziehung zwischen ihnen ist eine rein zeitliche.»[12] Zeit wird hier also lediglich als eine formale Gegebenheit, nicht als ein von Menschen bewirktes und in den Menschen weiterwirkendes Geschehen verstanden. Dies erklärt Durkheim im Vorwort zur zweiten Auflage damit, «daß für uns das Bewußtsein, sowohl das individuelle wie auch das soziale, keinerlei Substanzcharakter habe, sondern lediglich ein mehr oder minder systematischer Zusammenhang von Phänomenen sui generis sei»[13]. Die von Durkheim festgestellten Kausalnexus sind also nicht zeitlicher Art, sondern solche des sozialen Milieus. Die Gesellschaft ist es folglich, «welche das Individuum in der Zeit wie im Raum grenzenlos überschreitet», und sie ist es auch, die «ihm die Arten des Handelns und Denkens (auferlegt), die sie mit ihrer Autorität sanktioniert hat»[14].

Wir wissen heute, daß die Vernachlässigung des sozialen Bewußtseins für das Selbstverständnis des modernen Menschen und den Ausbau der modernen Gesellschaft ebenso untragbar ist wie die Vernachlässigung des Zeitbewußtseins im Menschen. Gerade die Prämisse Durkheims, daß es eine Kausalität nur zwischen gegebenen Tatsachen gebe, erscheint nicht akzeptabel, und seiner Folgerung, daß die historische Zeit «reine Zeit», also bloße und leere Bewegung sei, tritt die Historie mit der wissenschaftlichen Erkenntnis und Aussage entgegen, daß wir es in der Geschichte mit einer geformten Zeit zu tun haben. Um diese Erkenntnis zu sichern, zu pflegen und weiterzuführen, ist es aber notwendig, daß die Historie nicht im weiten Bereich der Sozialwissenschaften als Handlanger von Beispielmaterial auftritt oder eben im Zuge sozial-rationaler Gestaltung überhaupt verschwindet.

5. Einige Konsequenzen aus dem Vorangegangenen

Haben wir Nietzsches Wort, daß die Historie das Problem der Historie selbst lösen müsse, an den Anfang dieser Betrachtungen gestellt, so kann man nach der Herausstellung des spezifisch historischen Aspekts neben einem philosophischen, soziologischen, biologischen usw. im menschlichen Dasein in einer ersten Teilantwort an Nietzsche sagen: Die historische Betrachtungsweise muß ihre beherrschende Stellung aufgeben, wenn die Geschichte in ihrer Realität und in ihrer realen Bedeutung für das menschliche Dasein erfaßt werden soll. Dies ist weder eine Tautologie angesichts der täglich fortschreitenden Rezession des historischen Bewußtseins noch ist es ein Ausdruck der Angst eines differenzierten historischen Denkens vor der Hybris der Historie, sondern es ist die Feststellung einer geistigen und wissenschaftlichen Situation, in der in Philosophie, Ethnologie, Kunstwissenschaft, Politik, Sozialforschung und auch Naturwissenschaft sehr viel mehr historisch gedacht, argumentiert und schablonisiert wird, als es wissenschaftlich vertretbar ist. Historisierendes Betrachten hat sich wie ein Firnis über alles phänomenologische Erfassen gelegt, weil ihm mehr oder minder bewußt die bequeme Auffassung zugrundeliegt, daß die Geschichte eines Phänomens seine Wesenszüge zutage fördert und mit ihrer Geschichte auch eine Sache erfaßt wird, daß vor allem die Geschichte den Menschen und seine Selbstbestimmung erkennen läßt. Dies würde aber voraussetzen, daß der Entwicklung bzw. der Zeit selbst eine Logik, ja sogar eine Wesenheit zugrundeliegt, welche Präposition die Historie nie akzeptiert hat. Der Weg der Geschichte wird in der Historie um der Modalität willen verfolgt, nicht um der Entität willen. Sehr wohl geht es dem Historiker heute um die Geschichte selbst und nicht nur um das Geschichtliche im literarisch-ästhetisch-exemplarischen Sinne Jakob Burckhardts, aber die Relevanz der Geschichte für den Menschen ist eben keine totale und existenzielle, sondern nur eine teilweise und begrenzte.

Nach allem Gesagten ist aber auch klar, daß diese Entthronung der historischen Betrachtungsweise nicht verstanden werden darf als Aufhebung des geschichtlichen Verstehens und Denkens überhaupt, sie stellt nur die Preisgabe des Anspruchs dar, selbst Philosophie zu sein und ein eigenes Menschenbild zu formen, und diese Entthronung beinhaltet schließlich das Eingeständnis, daß die Geschichte lediglich «das Erfahrungsmaterial für den Nachweis alles dessen, was der Mensch zu leisten vermag und was seine Kräfte übersteigt»[1], bereitstellen kann. Zwar ist auch historisches Reminiszieren in einer um die Produktion rotierenden Massengesellschaft zum Konsumartikel geworden, aber die deutsche Geschichte oder die Verchristlichung der Welt oder die Arbeiterbewegung stellen für den modernen Menschen keinen Lebensantrieb dar, sondern sie sind nur mehr oder minder gravierende Komponenten in der Gesamtheit des individuellen Daseins. Innerhalb der historischen Denktraditionen und Denkvarianten ist aber die Entthronung der historischen Betrachtungsweise die im Lichte des historisch-wissenschaftlichen Arbeitens vollzogene Antwort auf alle historistischen Anwandlungen, also jene aus der Anwendung entwicklungsgeschichtlichen Verstehens gezogenen Übersteigerungen, die die Geschichte erst zum Fetisch der modernen Geistesgeschichte gemacht haben und die folglich zu überwinden sind, wenn man der Historie den ihr zugehörenden Platz im Dasein zuweisen will. Gemeint sind damit der Historismus im Bereich der Verstehenslehre von Schleiermacher über Dilthey bis zu Gadamer, sodann der Historismus als eine Vorstellung von der Verwirklichung des Sittlichen in der Geschichte, die Droysen gepflanzt hat, ferner der Historismus als eine auf die Geschichte angewandte Organologie, wie man sie von Herder bis zu Spengler findet, und schließlich der Historismus in der Gestalt der alles einschließenden Weltgeschichte von Orosius bis zu Toynbee. Alle diese historistischen Übertreibungen sind im Grunde genommen Folgen der Identifizierung von Mensch und Geschichte, also der Vorstellung, daß aus der Geschichte der ganze Mensch erschlossen werden könne. Wenn wir diese Historismen als dem Anliegen der Historie und der Wirklichkeit der Geschichte abträglich und widersprechend hier herausstellen und die damit vollzogenen Identifikationen zurückweisen, so hat dies Konsequenzen, die man unter gewissen Aspekten als Vergröberung und als Rückschritt des historischen Denkens bezeichnen könnte. Sie müssen jedoch gezogen werden, nicht etwa um durch irgendwelche Begradigungen die überkommene historische Denkkultur um ihrer selbst willen zu retten, wohl aber, um damit auch weiterhin den ganzen Nutzen, den die Historie für die geistige Freiheit des Menschen leisten kann, einzubringen und womöglich zu vermehren.

a) Die Konsequenz im Bereich des historischen Verstehens

Fragt man die Arbeiten moderner Historiker ab auf den eigentlichen Gewinn, den die historische Betrachtung erbringt, so taucht immer wieder als letzte Antwort der Begriff «Distanzierung» auf. Auch bei unserer Überlegung, welche Konsequenzen aus dem Abrücken der Historie von den identifizierenden Tendenzen des Historismus im Hinblick auf das historische Verstehen zu ziehen sind, ist mit diesem Stichwort «Distanzierung» das Wesentliche und Weiterführende gesagt. So bleibt zunächst darzulegen, worin Wert und Gewinn eines solchen Distanzierens liegen.

Wenn die historische Wissenschaft den Betrachter vom Stoff distanziert, so ist damit zweifellos etwas anderes gemeint als Diltheys geistige Selbstkonfrontation. Denn Dilthey versteht unter historischem Verstehen

«Innewerden»[2], er fordert vom Historiker die Identifizierung mit dem historisch Handelnden kraft der Versetzung in dessen geistige Lage, reale Umstände und persönliche Motive. Und aus dem Innewerden des historischen Prozesses wird schließlich das Aufgehen des Betrachters in der Geschichte, deren Werdestrom nun als die Wahrheit selbst erscheint. Was Dilthey also erstrebte und tatsächlich auch bewirkte, war ein Doppeltes: einerseits sollte das historische Verstehen der Welt vertieft werden zu einem persönlichen Erleben, es sollte den Betrachter ganz aufgehen lassen in der von ihm erfaßten Geschichte. Die andere Folge solchen Verstehens war aber, daß der Betrachter nicht nur das Betrachtete, sondern auch sich selbst in seiner total historischen Relativität erkennen sollte und damit das Individuum überhaupt als eine geschichtliche Existenz erschien. Im Hinblick auf die Geschichte ist aber eine solche Individualisierung des Verstehensvorganges gerade zum Gegenteil von Distanzierung geworden, das Gegenteil auch von Konfrontation des Betrachters mit der historischen Welt und das Gegenteil schließlich von der Einsicht in die Bedingtheit der Erkenntnis, die mehr oder weniger zufällig hinterlassene Quellen erlauben; Diltheys historisches Verstehen ist eher ein Verschwimmen mit dem Stoff und das Aufgehen in der Idee der Historizität des Lebens selbst.

Das historische Distanzieren ist aber auch nicht in den Gedankengängen von Hans-Georg Gadamer über Möglichkeit und Wirklichkeit historischen Verstehens zu finden. Gadamer hebt zwar mit der Betonung des historischen Wirkungszusammenhangs – also mit Einrechnung der gegebenen und notwendigen historischen Vorurteile – als Bedingung und Form jeglichen Verstehens das subjektiv beschränkte und bloß innewerdende Verstehen auf eine objektive Plattform. Historisches Verstehen wird damit überhaupt als ein Verschmelzungsakt von Verstehen des Gegenwärtigen mit dem Verstehen des Vergangenen et vice versa angesehen.[3] Indem aber Verstehen bei Gadamer damit schließlich zur «ursprünglichen Vollzugsform des Daseins» wird,[4] erschöpft sich das Verstehen der Geschichte auch hier in einem individuellen Akt.

Anderseits kann der Gewinn des historischen Verstehens auch nicht nur unter der von Habermas geforderten Voraussetzung erreicht werden, daß dieses aus einem unmittelbaren und zur Handlung führenden Interesse gespeist ist. Unterstellt nämlich Habermas der Historie, daß eine – wohl x-beliebige und letztlich doch sterile – Deutung «die verheimlichte Grundlage der philologisch-historischen Methode» sei,[5] so setzt er als Gegenthese die davon gar nicht so weit entfernte Auffassung, daß die Erkenntnis erst aus dem Interesse entspringe und die Handlung notwendig in diesen Zusammenhang von Erkenntnis und Interesse verwoben sei, denn «das Interesse hängt an Handlungen, die ... die Bedingungen möglicher Erkenntnis ebenso festlegen, wie sie ihrerseits von Erkenntnisprozessen abhängen».[6] Selbstbespiegelung und Wiedererkennen des Subjekts in der Geschichte ist bei Dilthey und Gadamer Ziel und Ergebnis des historischen Verstehens, Selbstbetrug aus einem für Erkenntnis gehaltenen Interesse bei Habermas die Folge solchen Verstehens. Alle diese Formen des Verstehens von Geschichte zielen schließlich ab auf das verstehende Subjekt, sind Geschichte für den Betrachter und stellen dem Subjekt frei, aus der Geschichte Ratio oder Legitimation für sich zu finden.

Wenn nun die Historie im Gegensatz zu solcher Identifikation steht und sie hinsichtlich einer speziellen historischen Frage für nicht relevant hält, so geschieht dies primär deshalb, weil sie in der Geschichte vor allem das Objekt sieht – z. B. Ursachen und Folgen der Eisenbahn, die ideelle, politische und soziale Relevanz des Kaisertums, die Ostsee als politisch strukturierten Wirtschaftsraum usw. – und dieses Objekt als Spiegel und Form einer überindividuell verbindlichen menschlichen Welt erkennt und nicht des subjektiven Verstehens. Die Historie orientiert ihre Frage folglich nicht am Verstehensvorgang, sondern am vorhandenen Quellenmaterial und – bei aller Berücksichtigung von Subjektivität des Urteils, Standortgebundenheit des Betrachters, Wirkungszusammenhang von Situation und Eigenart der Fragestellung – an der in der Quelle sich niederschlagenden Wirklichkeit des historischen Augenblicks. Dem entsprechend ist das historische Verstehen nicht theoretischer, logischer und systematischer, sondern ostentativer Natur. Denn das Objekt des Verstehens liegt nicht in seinem eigenen Prozeß, sondern in der dem Menschen gegenüberliegenden historischen Welt. Und es ist gerade die Objektvergessenheit der Auseinandersetzungen um das subjektive historische Verstehen, die diese zu ganzen Bibliotheken angewachsene Verstehensliteratur für die objektbezogene Historie in zunehmendem Maße irrelevant werden läßt.

Indem man diesen Gegensatz von philosophischem und historischem Verstehen ausspricht, kommt freilich das eigentliche Problem des Verstehenszwecks zum Vorschein. Denn gerade darin liegt ja der ewige Vorwurf an die Historiker, daß sie eben nur «Okulare» seien, wie Graf Yorck in Bezug auf Ranke sagt,[7] Okulare also mit geringem Reflexionsvermögen und einem großen Vorrat an uneingestandener Ideologie; daß sie sich ferner damit begnügten, zurückzuschauen, zu gaffen, «wie es eigentlich gewesen», daß sie im Eifer des Zusammentragens, Abschreibens und Beschreibens letztlich «senza problema» seien, wie Benedetto Croce über Jakob Burckhardt sagt; daß sie sich damit abgäben, Handlungsmotiven nachzuspüren, ohne die Herausstellung der verschiedenen Möglichkeiten des Handelns als ihren eigentlichen Gegenstand zu erkennen;[8] daß sie damit beschäftigt seien, einem sinnlosen Haufen von Zufälligem einen Sinn zu geben, wie Th. Lessing meint; ja daß die Historie doch nur Totes gebäre, «als reine Wissenschaft gedacht ... eine Art von Lebensabschluß» darstelle nach den Worten Nietzsches, ohne Bezug auf die Gegenwart, ohne Wert für die Zukunft, l'art pour l'art.

Es liegt nun in der Konsequenz der vorangegangenen Darlegungen, festzustellen, daß mit diesen Vorwürfen der Historie eigentlich ein Anspruch und ein Zielstreben unterstellt wird, das an sich zu weit gespannt ist und ihrem Arbeiten nicht zugrundeliegt. Denn der Historiker weiß, daß die ihn interessierenden Objekte zwar Wirklichkeit der Welt und sogar womöglich überhaupt die Wirklichkeit der historisch entwickelten Welt sind, aber doch nicht die ganze Wirklichkeit der faßbaren und erkennbaren Welt darstellen. Nicht jedes von erkenntnisleitendem Interesse bewirkte Handeln besitzt historische Gravität, nicht jedes nachzuerlebende Ereignis hat die Wirkung des ins Wasser geworfenen Steines, nicht jede Bezugnahme auf Vergangenes hat auch wirklich Sinn, sondern kann unter Umständen auch der Geistlosigkeit entspringen. Das historisch relevante Geschehen hat aber nur öffentlichen Charakter, ist nur das in der Welt weiterwirkende und für das individuelle Dasein belangvolle Geschehen. Der Bezug zwischen den drei Zeiten von Vergangenheit, Gegenwart und Zukunft ist das eigentlich Historische in formaler Hinsicht. Mag dieser Bezug des Einzelgeschehens zum Allgemeinen, des Früheren zum Späteren, des Lokalen zum Entfernten auch verschieden sein oder zu verschiedenen Zeiten anders empfunden werden, so bezeichnet das historische Faktum selbst doch das Konstitutivum von Geschichte. Und wem das Gewesene nur eine Frage der chronologischen Einordnung ist, die für die deutsche Staatsentwicklung entscheidende Doppelwahl von 1198 nicht auch ein Schlüssel zur Staatlichkeit der Gegenwart, die Umorientierung Deutschlands von der Landmacht zur Seemacht im Zeitalter des Imperialismus nur ein Akt der Ignoranz, und die dynastischen Beziehungen der europäischen Monarchien nur ein Bilderbuch von Alltäglichkeiten in Königskleidern, der vermag auch die Gegenwart nicht in ihrer ganzen Wirklichkeit zu sehen. Es ist die Vielfältigkeit und Verschlungenheit dieser äußeren Welt, es ist ferner die Tatsache, daß die historischen Objekte niemals für sich allein stehen, weil jedes historische Tun auf Wirkung, Gemeinschaft und Zukunft gerichtet ist, und es ist schließlich das Verständnis für die unumgängliche Wechselwirkung von historischem Geschehen und menschlichem Einzelleben einerseits und die Wirkung des Einzelnen auf die historische Entwicklung anderseits, was zusammen eine eigene historische Wissenschaft erfordert, begründet und legitimiert hat.

Diese Welt der historischen Erscheinungen von Salamis bis Rom, von Jesus bis zu Konstantin d. Gr., von der Reformation bis zur Dampfmaschine oder von der Revolution bis zu Napoleon, die die uns bedrängende Wirklichkeit in gesellschaftlicher, politischer und kultureller Hinsicht ausmacht, gilt es nun durch das historische Verstehen wieder zu distanzieren, d. h. sowohl in ihrer historischen Eigentümlichkeit wie auch in ihrer historischen Wirksamkeit richtig zu erfassen. Die historische Forschung knüpft das Gewebe ihrer großen oder kleinen Einzelerscheinungen in seinen mannigfachen Verbindungen von Traditionen, Kräften, Einflüssen, Prozessen und Handlungen nochmals auf, untersucht die Bestandteile, prüft die verbindenden Knoten auf Form und Festigkeit, deckt die lockeren Stellen auf und geht im scheinbar gleichlaufenden Gang dieses Gewebes der Willkür und den Lücken nach, sie läßt die mitwirkenden Hände und das verschiedene Material erkennen und stellt danach Wert und Zweck des Ganzen fest. Der Vorgang von Kennenlernen, Prüfen und Verstehen distanziert aber notwendig, er zeigt im Gegensatz zur ersten Impression die Relativität, läßt im Laufe des Zustandekommens Bedingungen und Bedingtheiten erkennen und setzt das Werk in die Relation von Aufwand, Wirkung und Absicht. Es ergibt verschiedene Bilder, ob man Bismarcks Werk vom Ende seines Gewordenseins mitten im Konzert der europäischen Nationen betrachtet oder ob man es von den Anfängen her verfolgt und dabei vor allem die politischen Methoden berücksichtigt. Die aus der Historie gewonnene Distanz zum historischen Objekt zeigt nicht nur die zeitliche Differenz von Anfang und Ende oder anders gesagt von Absicht und Vollzug, sondern durch die Einbeziehung aller relevanten Nebenerscheinungen auch die Differenz von augenblicklichem Anliegen und dauerhafter Wirkung, und schließlich das Verhältnis zwischen der persönlichen Leistung und der historischen Bedeutung.

Es versteht sich fast von selbst, daß diese distanzierende Arbeit nicht getan wird um der Beschreibungen, Rekonstruktionen und Bilder willen. In der Historie geht es um den Bezug des Geschehens zum Menschen, der Vergangenheit zur Gegenwart, des lokalen Anliegens zur Raumwirkung, der neuen Bedürfnisse zu den vorhandenen Kräften usw. Die Historie will nicht das Gewordene bestätigend feststellen, sondern die Qualität des Gewordenen aus den Formen des Werdens erkennen. Darum ist auch Rankes Bestreben, zu sehen, wie es eigentlich gewesen, nicht einfach als Situationsbericht oder als die Konfrontation von verschiedenen Situationen aufzufassen, sondern darin steckt auch die Frage: auf welche Weise, durch welche Kräfte und was daraus geworden ist. Diese Erklärung von Rankes berühmter Formel macht es aber notwendig, auf ein letztes im historischen Verstehen hinzuweisen, denn es meint nicht nur das retrospektive Erfassen von Vorgängen, sondern ihm wohnt im distanzierenden Betrachten auch ein Akzeptieren gefallener Entscheidungen inne. Das Betrachten der Geschichte zeigt nicht nur die Windungen des Werdens, sondern es weist auch nachdrücklich und unweigerlich auf die Wendungen hin. Cäsars Schritt über den Rubicon bedeutete einen für zwei Jahrtausende geltenden Bruch mit der Republik; mit Gregors VII. Triumph von Canossa hatte die Kirche den Gipfel erreicht, von dem aus 1245 die Kaiserabsetzung erfolgen konnte, aber mit Canossa war unwiderruflich ein Weg beschritten, der die Kirche nicht mehr ihrem eigentlichen Ziel, der Heiligung der Welt, sondern dem Sturz als politische Macht entgegenführte. Karls V. Rückzug von der Weltmacht ins Kloster San Yuste, die Enthauptung Ludwigs XVI., die in der Verzweiflung über den Kriegseintritt Amerikas (6. 4. 1917) vollzogene Heimführung des Revolutionärs Lenin ins kaiserliche Rußland (16. 4. 1917), die kriegsbedingte Trennung Mitteleuropas 1945 und die rechtliche Bestätigung dessen durch den Moskauer Vertrag von 1970: dies alles sind Entscheidungen, die nicht nur historiographisch darzulegen und als Gedächtnisstütze zu verzeichnen sind, sondern es sind Wirklichkeiten, die erst durch das historische Verständnis des Geschehenen den Welthorizont des Menschen abstekken. Es sind gültige Urteile über Vergangenes, Urteile auch, die das Neue legitimieren als Geschichte und Perspektiven für eine allgemeine Weltorientierung.

Ist historisches Verstehen, Distanzieren und Reflektieren so der Natur nach kein logisches und abstraktes, sondern ein spezifisch weltbezogenes und welterfassendes Erkennen, so liegt sein Gewinn in der Erschließung der Weltwirklichkeit. Historisches Denken ist darum in seinem eigentlichen Sinn nicht eine Flucht in die Vergangenheit, in die Bilder und die Methoden, auch nicht ein «Hausen in Totenstädten»[9], sondern es ist ein besonderer Zugang zur Welt mit diesen Methoden, ein Weg, um der Welt mit gründlicheren Kenntnissen, gerechteren Maßstäben und größerer Handlungsfreiheit entgegentreten zu können. Leben mit der Historie ist darum auch nicht nur räsonnierendes Betrachten, sondern es ist eine besondere Form der Teilhabe an der Welt, der Ausrichtung auf die Welt und der Bewußtmachung. Die hier bewirkte Bewußtseinserweiterung erweist sich als unentbehrlich für den modernen Menschen.

b) Die Konsequenz im Hinblick auf das Sittliche

Macht ist die Voraussetzung von Ordnung in der menschlichen Gesellschaft und zugleich die Ursache für deren unbefriedigenden, ja ungeordneten Zustand. Die historische Handlung zur Ausbildung, Anwendung, Durchsetzung und Institutionalisierung von Macht ist der Schlüssel in die Zukunft, und doch wird immer der Schatten der Schuld an dieser Handlung haften, weil der Handelnde in einem wirklichen oder vorgegebenen höheren Interesse über andere in einer Weise verfügt, die von ihnen als Schädigung oder gar als Mißbrauch der Macht empfunden wird. Haben die Fürsten, die im 15. und 16. Jahrhundert die Kirchengewalt an sich zogen, diese im Interesse der Religion oder des Staates genützt? Die Argumente der handelnden Politiker und die Bemühungen der planenden Theoretiker sind voll davon, diese Widersprüche entweder aufzuheben durch die Legitimation oder durch die Kontrolle der Macht, oder sie zu verschleiern durch die identifizierende Interpretation von Macht und Recht, oder schließlich diesen Widerspruch zu verstehen als den herausfordernden Stachel des Sittlichen in der Geschichte. In den von der Geschichte hinterlassenen Quellen ist dieser Widerspruch noch eklatanter, weil im Licht der Ereignisse und der wahren Zielsetzungen der bloße Vorwand und die Verschleierung der Hintergründe stärker ins Bewußtsein treten, und doch ist in der Geschichtswissenschaft stets die Auffassung lebendig geblieben, daß die Geschichte der Ort ist, an dem das Sittliche getan wird oder wenigstens getan werden sollte und wo folglich die sittliche Anlage des Menschen Bildung und Erfüllung, wenigstens aber ihre Prüfung findet.

Freilich, das Spektrum dessen, was eigentlich als das Sittliche in der Geschichte angesprochen werden könne, ist groß; es reicht von Droysens aus Hegel gespeister Meinung, daß das bewußte Leben in der Geschichte an sich das Sittliche sei, weil es sich in den Gemeinschaften überhaupt erst vollziehe, und «die Geschichte im eminenten Sinn ... nur die des sittlichen Kosmos, die der Menschenwelt» sei,[10] bis zu Jakob Burckhardts an der Welt der Renaissance geschultem Blick, der ihm die Macht an sich als etwas Böses erscheinen läßt und der die Geschichte höchstens in einzelnen Erscheinungen, nicht aber in den Gemeinschaften als Spiegel des Sittlichen gelten läßt.[11] Die differenzierter denkende Historie des 20. Jahrhunderts ist mit Postulaten über den sittlichen Wert der Geschichte zurückhaltender und stellt die Motivation des Handelns in den Vordergrund der Betrachtung. Für Friedrich Meinecke stehen sich Kratos und Ethos, die nackte Gewalt und das verantwortungsbewußte Handeln, nicht einfach als Gegensätze in der Geschichte gegenüber, sondern sie stehen in einem Wechselverhältnis, und die Staatsräson ist der Maßstab, nach dem sittliches Handeln sich zwischen diesen Möglichkeiten bewegt.[12] Die Staatsräson selbst hat also einen veredelnden Charakter, ihre Wahrnehmung bestimmt schließlich über die Neigung zu Gut oder Böse im politischen Handeln, oder wie es Meinecke sagt, über die Entwicklung vom bloß «triebhaften Lebens- und Machtwillen einer Nation ... in den sittlich verstandenen Nationalgedanken». Die Historie braucht darum dieses Handeln gar nicht sittlich zu werten, in der Feststellung des Handelns nach der Staatsräson, also den Existenzbedingungen und Zielsetzungen einer Gemeinschaft, erweist sich der sittliche Wert desselben von selbst.[13] Im Unterschied zu dieser gemeinschaftsbezogenen Wertung stellt Th. Schieder bei der Betrachtung des sittlichen Handelns den Aspekt der persönlichen Verantwortung in den Mittelpunkt. Er scheidet und schichtet die ethische Haltung des Handelnden in der Geschichte angesichts der natürlichen Unbeständigkeit des Menschen, der möglichen Unmenschlichkeit und der verschiedenen Aufgaben in der Geschichte nicht einfach in eine politische-rationale und in eine persönlich-ethische, wohl aber nach dem Muster von Max Weber in eine gesinnungsethische und in eine verantwortungsethische Haltung.[14] Die historische Handlung ist demnach nicht an der persönlichen Einstellung zu messen, sondern an den überpersönlichen Anforderungen des eingenommenen Amtes. Reinhard Wittram aber warnt: «das Böse bleibt»[15] und gibt damit der Historie überhaupt die Funktion des beständigen schlechten Gewissens für alle in der Geschichte stehenden Menschen, da es in ihr immer um Schuld gehe und diese Schuld der Handelnden überhaupt als das perpetuum mobile alles Geschehens anzusehen sei. Aus der «autobiographischen Erfahrung des Einzelnen» nimmt er «das stärkste Argument gegen die Annahme der Perfektibilität des Menschengeschlechts», und aus der Prüfung des persönlichen Gewissens dann «die Wiederentdeckung des Bösen in der Geschichte und im Menschen»[16].

Aber bei allen diesen Beispielen einer Suche nach dem Sittlichen in der Geschichte handelt es sich auch um die Betrachtung der Geschichte um des Sittlichen willen, wobei die Grundstimmung des Betrachters, die von der Hoffnung bis zur Verzweiflung reichen kann, für das hergestellte Bild maßgebend bleibt. Es handelt sich also um eine neue Form der Identifikation von humanitärem und historischem Denken, um das Bemühen, den ganzen Menschen in der Geschichte wiederzufinden. Den Blick auf eine Idee von der sittlichen Rechtfertigung der Geschichte gerichtet – sei es die Freiheit oder das Jüngste Gericht – werden zwei an sich verschiedene Dimensionen der Geschichte, nämlich das menschlich-individuelle Engagement und die über das Individuum hinweggehende Entwicklung, in einer einzigen homozentrischen Formel zu fassen versucht. Es wäre aber der doppelten Ausrichtung des Menschen nach innen und außen angemessener und der Sache nach richtiger, die Geschichte nur als eine von außen gegebene Bedingung und nach außen ausgerichtete Form des menschlichen Lebens zu behandeln und die Effizienz des Menschen in der Geschichte damit in ihrer Beschränktheit zu erkennen. Denn beschränkt ist die Handlung des Menschen in die Geschichte hinein entweder, weil er nicht weiß, wie wenig er zu erreichen vermag, oder aber, weil er im Wissen um sein beschränktes Handlungsvermögen nur die Kräfte für das historische Handeln einsetzt, die ihm seine Einsicht in das existenzielle Handlungspotential freigibt. Angesichts der Tatsache, daß Gregor VII., Kaiser Karl V., Napoleon, Hitler oder Lenin und ihre geistigen Hintermänner und Anhänger sich die Herstellung der guten Welt nur unter der Voraussetzung der totalen Ausschaltung der Ketzer und Heiden, der Valois, der Engländer, der Juden oder der Kapitalisten vorstellen konnten, wird wenigstens für den historisch Versierten die Verwirklichung des Sittlichen in der Geschichte eine suspekte Angelegenheit. Der sittliche Gedanke war bei allen diesen Politikern getrübt, weil sie zwar von einer vollkommenen und sittlichen Gesellschaftsordnung sprachen, eine solche aber nur in der Vollkommenheit ihrer Macht zu erreichen suchten. Die Apostel des Friedens hingegen, wie Cölestin V., Gladstone oder Woodrow Wilson oder soziale Utopisten vom Schlage Weitlings, Owens oder Babeufs waren keine Politiker mit realisierbaren Friedensvorstellungen. Man kann aus diesen Beispielen eher folgern, daß das Sittliche in der Welt nicht das Normale und das Streben nach dem Sittlichen nicht ein dem geschichtlichen Handeln an sich innewohnendes Streben ist, sondern daß es vielmehr gerade das Seltsame, auch das Unbedingte, um den Erfolg Unbekümmerte und darum das am Rande der Geschichte Stehende ist, wie wir es finden können bei Franz von Assisi, bei Friedrich Bodelschwingh, bei Florence Nightingale, Henri Dunant, Elisabeth von Thüringen, bei Franz von Sales, Johann Heinrich Pestalozzi oder Martin Luther King. An diesen für das Sittliche in der Menschheit eintretenden Gestalten zeigt sich dann auch, daß die Wirkung solchen Handelns eigentlich nur exemplarischer Natur in der Geschichte ist, nicht aber genereller, verändernder und progressiver. Was aber der bewußt für die öffentliche politische Welt Handelnde – also der Politiker, der Arbeiterführer, der Märtyrer, Reformator, Philosoph oder Entdecker – erstrebt, das ist sein Sieg, und er strebt aus einem existenziellen Zwang nach Veränderungen, die seinen persönlichen Vorstellungen vom Guten und Sittlichen entsprechen. Wenn der Politiker den Frieden und die Freiheit verspricht, so hat dieser Friede und diese Freiheit eine eigene Farbe und einen entsprechenden Preis, und wenn der Staatsbürger zur Wahl geht, so weiß er, daß es dabei nicht um das Gute geht, sondern höchstens um ein Besseres, jedenfalls aber um sein Interesse.

So wird also nicht bestritten, daß der handelnde Mensch in der Geschichte, auch in Richtung auf ein Sittliches hin, immer bedeutsame Impulse gibt, wohl aber wird mit alledem in Zweifel gezogen, daß das Handeln um eines sittlichen Zieles willen wirklich eine Dimension der Geschichte ist und daß vom Historiker eine entsprechende Idee in das Bild der Geschichte getragen werden darf. Die Geschichte selbst läßt sich nicht erweisen als ein Weg zu einem bestimmten Ziel, sondern nur als der Vorgang einer beständigen Erneuerung. Dieser Vorgang selbst erweist sich im Licht einer realistischen Betrachtung weder als ein a priori sittliches Tun noch als ein ständiger Triumph des Bösen, sondern er ist eigentlich gekennzeichnet durch die Gleichgültigkeit gegenüber dem Sittlichen. Jakob Burckhardts Wort, daß die Macht an sich böse sei, ist also ein unhistorisches Urteil, weil es das menschliche Interesse als wichtigste Triebkraft der Geschichte der Unsittlichkeit zeigt und weil es an der Realität der Geschichte im Ganzen vorbeigeht. Die Interpretation der Geschichte als Vollzug des Sittlichen in der Welt ist vom Objekt her falsch, weil die Geschichte ihre Bewegung zwar durch das menschliche Handeln erhält, ihr Objekt aber nicht im Ziel dieser Handlungen hat, sondern in der Bewegung der Wirklichkeit, also in der Gestaltung und Entwicklung des gemeinschaftlichen Lebens, das seinerseits von vielen und einander widersprechenden Handlungen bestimmt wird. Die Interpretation der Geschichte als Vollzug des Sittlichen ist aber auch im Sinn einer Hypothese nicht fruchtbar, denn die Geschichte wird dadurch nicht attraktiver und sinnvoller, daß man ihr menschliche Züge verleiht, wo sie dem Menschen immer gegenüberstehen wird. Und das unaufhörliche und historisch unbeschreibliche Elend des Menschen wird dadurch nicht leichter, daß man ihm den Anstrich der historischen Motivation und Notwendigkeit gibt. Schließlich bleibt darauf hinzuweisen, daß das Sittliche in der Geschichte selbst nicht einmal definierbar ist, eben weil die Tat und ihre Wirkung keinen bestimmten sittlichen Bezug haben. Die beiden Königsmorde in Deutschland von 1208 und 1308 waren Akte der Privatrache und hatten entscheidende historische Wirkungen, die politischen Attentate an Erzberger und Rathenau aber sind für die Fortführung der Politik irrelevant geblieben und hatten nur symbolischen Charakter. Die Christianisierung Europas war zwar eine Bewegung von entscheidender Bedeutung für die menschliche Kulturentwicklung überhaupt, aber in ihren politischen Formen unterscheidet sie sich an Grausamkeit und innerer Unwahrhaftigkeit nicht von den dem 20. Jahrhundert geläufigen Methoden, Ideologien als Macht zu etablieren. Mit der Sittlichkeit in der Geschichte verhält es sich also etwa wie mit der Grazie der Marionette auf der Theaterbühne, von der Kleist sagt, «daß sie zu gleicher Zeit in demjenigen menschlichen Körperbau am reinsten erscheint, der entweder gar keines oder ein unendliches Bewußtsein hat, also in dem Gliedermann oder in dem Gott»[17].

c) Die Konsequenz im Hinblick auf die Weltgeschichte

Es ist zwar nicht unnötig, hier darauf hinzuweisen, welch eine irreführende Wirkung die organologische Vorstellung seit je hatte, wonach die Entwicklung historischer Körper und die Problematik einzelner historischer Situationen nichts anderes sei, als eine Parallele zu individuellen Lebensgängen und persönlichen Entscheidungskomplexen, das Verständnis der Geschichte also auch nichts anderes als eine Transplantation der Einsicht von individuellen auf gesellschaftliche Körper. Aber wir brauchen aus dieser falschen Parallele keine besondere Konsequenz für das Selbstverständnis der Historie ziehen, wenn auch diese Organologie an der Wiege der Historie eine gewichtige Ammenrolle spielte. Herder hat der geistigen Welt seiner Zeit vorgestellt: «Die ganze Menschengeschichte ist eine reine Naturgeschichte menschlicher Kräfte und Triebe nach Ort und Zeit.»[18] Wilhelm v. Humboldt betont viel stärker als Herder die Aufgabe des Historikers, die Idee des Geschehenen zu erfassen, aber er meint, der Geschichtsschreiber könne dies nur, «da alles, was in der Weltgeschichte wirksam ist, sich auch in dem Innern des Menschen bewegt»[19]. Vor allem aber hat Goethes Mikrokosmos und Makrokosmos verbindende Lebensschau, die das historische Denken stärkstens befruchtete,[20] das persönliche Leben in das historische hinein erstreckt, wie z. B. sein Wort über den elsässischen Geschichtsschreiber Schöpflin ausdrückt, dieser habe es verstanden, «dem Lebensinteresse das historische Wissen anzuknüpfen»[21]. Aber die wissenschaftliche Historie, die in der Geschichte ein Ferment des Denkens sieht, hat diese hier kurz skizzierte Auffassung von der Geschichte als Schau und Gefühl nicht weitergeführt. Wie die Sozialwissenschaften von ihrer Seite die sozialen Gebilde als sekundäre Folgen der Sozialität des Menschen betrachten, so sind auch unter dem Aspekt von Zeit und Geist die von der Historie betrachteten Lebenskörper, also die Staaten, Parteien, Städte, Verfassungen, Kriege, Epochen usw., nach Anlage und Lebensform keine einheitlichen Organismen, sondern künstliche, zweckhafte Gebilde mit rationalen Funktionen. Ihre Entstehung und Veränderung ist nicht von natürlicher, sondern von politischer bzw. sozialer Notwendigkeit, ihre Zusammensetzung ist keine gewachsene, sondern eine agglomerative, und ihre essentielle Prozeßhaftigkeit schreibt sich nicht von der Einheitlichkeit des Organismus, sondern von der Heterogenität der diversen Bestandteile dieser Lebenskörper her. Im Gegensatz zum individuellen Leben zeigt sich daher der Prozeß in der Geschichte auch nicht als eine natürliche, erkennbare und schicksalhafte Alterungserscheinung, sondern als eine ständige Verjüngung durch das Eintreten neuer Kräfte, Ideen, Tendenzen und Notwendigkeiten in alte Traditionen. Insofern ist der historische Prozeß auch nicht ein Zu-Endeleben unveränderlicher Potenzen, sondern Übergang, Anpassung, Transformation und Neugestaltung von flexiblen Körpern, er ist Fortführung der Tradition trotz Abwerfen von Traditionen, Beibehaltung von Formen unter neuen Bedingungen, Erneuerung durch die Besinnung auf die Ursprünge. Dies alles ist aber nicht unabänderlich, nicht diagnostizierbar hinsichtlich der Zeit und nicht absehbar im Hinblick auf die künftige Wirkung.

Wohl aber kann die Ablehnung der Identität von individuellem Lebensgang und historischem Entwicklungsprozeß hinführen zu der letzten hier zu ziehenden Konsequenz aus der hier dargelegten Stellung des Menschen in der Geschichte, nämlich zu der Frage, ob aus der Notwendigkeit eines historisch geschlossenen Komplexes von Zeit und Geist nicht auch die Notwendigkeit oder Wünschbarkeit einer Weltgeschichte zu folgern sei, sei es vom Urknall bis zum Verlöschen des Gestirns oder vom homo sapiens bis zum homo se extinguens. Denn es ist die letzte Preisgabe aller Identifikationen des Menschen mit der Geschichte, daß wegen des historischen Bezugs des Menschen zur Welt nicht auch eine Weltgeschichte um ihrer selbst willen postuliert werden muß, daß ferner die geschichtliche Welterklärung nicht einen geistigen Weltzusammenhang erweisen kann, und daß schließlich selbst eine verbindliche Weltgeschichte nicht von der umfassenden zeitlichen und geistigen Historizität des Menschen auch auf eine zeitliche und geistige Historizität der Welt schließen läßt. Zwar gibt es zahlreiche Weltgeschichten, aber darin liegt noch kein Gegenbeweis gegen die vorgetragene Auffassung, sondern vielmehr kann man gerade darin, daß keine dieser vielen Weltgeschichten allgemein verbindlich, umfassend, einheitlich und wissenschaftlich gültig ist, den Hinweis auf die Fragwürdigkeit des Anliegens einer Weltgeschichte erkennen. Während so die von Schlosser über Ranke und Wells bis zur Historia mundi vorgelegten Werke im Sinne Hans Freyers eigentlich «Weltgeschichte Europas» sind, stellen die auf der Basis der Kulturvergleichung zu einer Einheit der Weltkulturgeschichte gelangten Werke von Spengler und Toynbee historisch erarbeitete und begründete Weltanschauungen mit dem Blick auf die kulturelle Zukunft dar; während wir bei Hegel, Marx und Croce Weltgeschichte als Geschichtsphilosophie finden, bringen die Sammelwerke wie die Oxford History, die Propyläen-Weltgeschichte oder auch Fischers Weltgeschichte eigentlich nur eine Aneinanderreihung bzw. Nebeneinanderstellung von geschichtlichen Entwicklungen einzelner Kulturkomplexe, also gerade den Verzicht auf die Einheit der Weltgeschichte.

Weltgeschichte, das wäre der Idee nach die Summe der existierenden und faßbaren historischen Weltzusammenhänge, die zwar auf der Forschung beruht, aber über diese hinausgehend im wesentlichen doch Erzählung, Bericht und Bild sein müßte. Abgesehen davon, daß man an Bildern Geschmack haben muß und sie den Betrachter immer nur relativ verpflichten, ist jedoch die entscheidende Frage dabei, ob eine solche Erzählung in der Lage ist, auszusagen, inwiefern und inwieweit der Mensch effektiv in diese Geschichte der Welt einbezogen ist. Wenn man die These aufstellt, «daß Geschichtsbewußtsein, Geschichtsforschung, Geschichtsdarstellung und Geschichte im Ganzen sich im Medium des Erzählens allererst konstituiere», und dabei zu dem Fazit gelangt, daß überhaupt «die Idee der historischen Kontinuität primär von der narrativen Struktur des historischen Wissens her zu konzipieren und zu begreifen ist»,[22] so ist damit auch bereits die ganze Unverbindlichkeit dieser Narratio ausgesprochen, und das alte Problem, was solche Bilder mit dem Leben und der Existenz des Menschen zu tun haben, taucht wieder auf. Habermas führt im Verständnis, aber auch in der Absage an solche erzählte Weltgeschichte weiter, da er gerade in der Identifikation des Betrachters mit der Erzählung das wesentliche Ergebnis historischer Beschäftigung sieht. «Die historische Bedeutung von Ereignissen ist implizit immer auf den Sinnzusammenhang einer durch Ich-Identität zusammengehaltenen Lebensgeschichte oder einer durch Gruppenidentität bestimmten Kollektivgeschichte bezogen.» Wenn Habermas daraus folgert: «In jeder Geschichte ... steckt ein Allgemeines, denn aus jeder Geschichte kann ein anderer Exemplarisches herauslesen; Geschichten werden umso eher als ein Exempel verstanden, je mehr Typisches sie enthalten»,[23] so ergibt sich vom historischen Standpunkt gerade im Hinblick auf die Weltgeschichte die Fragwürdigkeit des narrativen Vorgehens, weil es dann nicht um das geht, was der Historiker lehren möchte, nämlich die Historizität von Handlung und Ereignis an sich, sondern schließlich doch wieder um die Moral, oder wie Gadamer auf Ranke bezogen meint, daß alle Geschichtsbetrachtung «ihr eigentliches Herzstück» in der Teleologie habe und nur den Erfolg messe.[24] So steht das Anliegen einer Weltgeschichte nicht nur methodisch vor dem Dilemma, um eines problematischen Ganzen willen dem realen Einzelnen ständig Gewalt antun zu müssen, sondern überhaupt in der grundsätzlichen Gefahr, zu verkennen, daß man mit den Dimensionen der Zeit nicht die Welt in ihrer Räumlichkeit aufschließen kann, vielmehr immer nur das Phänomen Mensch, und auch dies nur in den tausendfachen Brechungen von Ort und Zeit, in denen es erscheint. So erweist sich die Forderung nach der Weltgeschichte als eine contradictio in adjecto, formal weil damit ausgerechnet in narrativer Weise ein Riesenkomplex von Sachgegensätzen zusammengebunden und gleichzeitig gelöst werden soll, thematisch aber, weil die historische Frage, inwiefern sich aus der weltzugewandten Verbindung von Zeit und Geist Geschichte ergibt, hier in die Erwartung umgewandelt wird, aus einer allgemeinen und rudimentär dargelegten Weltentwicklung die Stellung des Menschen in der Zeit erläutert zu bekommen.

Statt Weltgeschichte zu schreiben, sollte man daher besser den historischen Horizont auf die ganze Welt ausweiten und wirklich weltgeschichtlich denken. Dazu gehört die Einbeziehung der gesamt-weltgeschichtlichen Ursachen, Folgen, Bezüge und Erscheinungsformen von Handlungen und Ereignissen, sowie die Öffnung der historischen Methode für bisher noch fernliegende Quellenbereiche, also besonders in Ethnographie, Geographie und Ökonomie. Da man sich nicht dem Stoff nach der ganzen Weltgeschichte bemächtigen kann, sollte man es durch die erweiterte Fragestellung tun, durch die weltweite Erschließung einzelner Tendenzen, wie der religiösen, verfassungsrechtlichen, sozialen, demokratischen, rationalistischen Bewegungen, durch die weltweite Darlegung der historischen Lebensformen in Wirtschaft, Recht und Gesellschaft und ihrer Bedingungen und schließlich durch die beständige Prüfung, welcher Wert der geschichtlichen Entwicklung in den verschiedenen Gesellschaften und Räumen der Welt jeweils zukommt. Es ist aber klar, daß die Möglichkeit weltgeschichtlichen Arbeitens immer relativ beschränkt bleibt, weil im Mittelpunkt des historischen Denkens das Ereignis steht. Nicht die Spekulation, die sich an den Gang der Dinge knüpft, nicht die beliebige Setzung von zyklenbildenden Kulturseelen oder von longe durée-setzenden Gesellschafts- oder Wirtschaftsstrukturen, sondern das historische Ereignis bildet in der Geschichte den Knoten zwischen Vergangenheit und Zukunft. Natürlich gibt es die longe durée, und man kann Fernaud Braudels Wort zustimmen: «Langer Zeitablauf, Konjunktur, Ereignis passen ohne Schwierigkeit zusammen»;[25] schließlich haben die Historiker die Geschichte zu allen Zeiten in Epochen gesehen und dargestellt. Die Frage ist nur, ob die Ereignisse die Epochen konstituieren oder die Epochen die Ereignisse. Es ist aber offensichtlich, daß hier die Ereignisse das Reale und damit das Primäre, hingegen die Epochen das Abstrakte und damit das Sekundäre sind. Die Ereignisse schaffen die Kontinuität und brechen sie. Wenn aber die historische Entwicklung, die menschlichen Lebensformen und Verhältnisse primär durch langzeitige Strukturen bestimmt wären, dann bräuchte man eigentlich die Handlung, das Ereignis, ja den Menschen nicht mehr. Das ist gewiß eine Grundfrage, und hier ist Stellung zu nehmen für oder wider den Menschen, aber der Mensch hat die Geschichte zum Zeugen.

Wenn wir übrigens zur Frage des weltgeschichtlichen Denkens in der Historie so stark das Ereignis als das Entscheidende und die Ereignishaftigkeit der Geschichte als ihre innere Bedingung herausstellen, so geschieht dies auch, um damit den Punkt zu kennzeichnen, an dem sich das weltgeschichtliche Denken der Historie von demjenigen Max Webers unterscheidet. Denn Webers wissenschaftliches Streben nach einer Gestaltung und Ordnung der Welt nach Maßgabe der Bedingungen des sozialen Lebens ist zwar zutiefst mitgeprägt von historischen Maximen, wie z. B. der Forderung nach einer wertfreien Betrachtungsweise, die Alfred Heuss wohl mit Recht auslegt als Anerkennung der historisch-bedingten, aber Ablehnung der absoluten Wertsetzung in der Geschichte, ferner der Einbeziehung von Zeitlichkeit und Entwicklung in das soziale Wirken, sowie der Betonung der Offenheit aller sozialen Entwicklung nach vorn, also der Ablehnung von präjudizierenden Gesetzen, Kulturseelen usw.[26] Aber Max Weber geht es letztlich nicht darum, die Geschichte als eine eigene und selbstwirkende Lebenskategorie festzuhalten, sondern «die Lebenserscheinungen in ihrer Kulturbedeutung» und im Sinn einer vorwärtsstrebenden Kulturentwicklung zu erkennen.[27] Während die Historie das Verständnis der Ereignisse sucht, um ihren Eigenwert zu erfassen, will Weber historische Erkenntnisse nur insofern anstreben, als sie für die Sozialentwicklung angewandt werden können – in Umkehrung von Habermas' Forderung könnte man also bei ihm von interessenleitender Erkenntnis sprechen. Geschichte ist für Weber «Geschichte im Aggregatzustand absolut zu denkender Verfügbarkeit»[28]. Da ihm also «nur bestimmte Seiten der stets unendlich mannigfaltigen Einzelerscheinungen ... wissenswert» und folglich brauchbar für eine lebendige Kausalerklärung sind,[29] genügt ihm als Methode die Aufstellung eines Idealtypus, also ein an der historischen Wirklichkeit gewonnenes und davon abgezogenes Idealbild von Erscheinungsformen, ihren inneren und äußeren Zusammenhängen, den notwendigen Bestandteilen von Phänomenen des öffentlichen Lebens wie z. B. Stadt, Kapitalismus, Handwerk, Kirchen usw. Soll der Idealtypus damit auch nicht einfach die Norm künftigen Seinsollens entwickeln, so ist er doch für Weber ein Erkenntnismittel, «welches die Bedeutung eines rein idealen Grenzbegriffes hat, an dem die Wirklichkeit zur Verdeutlichung bestimmter Bestandteile ihres empirischen Gehaltes gemessen, mit dem sie verglichen wird. Solche Begriffe sind Gebilde, in welchen wir Zusammenhänge unter Verwendung der Kategorie der objektiven Möglichkeit konstruieren, die unsere, an der Wirklichkeit orientierte und geschulte Phantasie als adäquat beurteilt.»[30] Der Wert solcher Idealtypen liegt auf der Hand, denn die ganze Geschichte der Welt wird hier herangezogen als Erfahrungsschatz und als Leitlinie für die Erkenntnis gesellschaftlicher Entwicklungen und für die Möglichkeit und Nützlichkeit neuer Gestaltungen. Die Geschichte der Welt wird zwar nicht als Weltgeschichte rekonstruiert, aber in der Fülle ihres riesigen und in keiner Weise präjudizierten Tatsachenmaterials wird sie Arbeits- und Vergleichsobjekt für Interessierte, und für die Politik wird sie herangezogen als Maßstab der Entwicklung neuer Perspektiven.

Da jedoch, wie dargelegt, die Weltgeschichte kein erstrebenswertes Ziel ist, so darf man, ohne die Rolle eines Apologeten der Geschichte zu übernehmen, sagen, daß vom Aspekt der Historie auch diese Art Weltgeschichte zu betreiben nicht akzeptabel ist. Denn mit der Einführung von politisch und soziologisch orientierten Idealtypen wird zwar die historistische Identifikation von verstehendem Menschen und allgemeiner Geschichte aufgegeben, aber dafür die neue Identität von welthistorischem Horizont und politisierter Gesellschaft postuliert. Dies beginnt damit, daß die Frage nach dem Idealtypus keine Frage nach dem historisch gegebenen Faktum ist, die mit Hilfe der Quellenkritik im Hinblick auf das Faktum selbst beantwortet wird, sondern diese Frage nach dem über die historische Wirklichkeit gestülpten Idealtypus z. B. von Stadtwirtschaft, Feudalismus, Calvinismus, ist willkürlich herausgegriffen und hat a priori einen politischen Aspekt. Sie zielt mehr auf die Möglichkeit solcher Phänomene, als auf ihre historische Wirklichkeit, und sie ist ihrem Wesen wie auch ihrem wissenschaftlichen Ergebnis nach mehr räsonnierende und resümierende Betrachtung als quellenkritisch erarbeitete Objekterfassung, wie übrigens auch die in der Nachfolge von Max Weber stehenden Arbeiten von Otto Hintze zeigen können.[31] Die identifizierende Tendenz im Hinblick auf politische Verwertbarkeit von Historie kommt sodann zum Ausdruck in der Tatsache, daß das Herausgreifen einzelner Phänomene aus dem Konzept der gesamten historischen Wirklichkeit zwar die Geschichte als Material benützt, aber zugleich die Geschichte als Einheit auflöst und sogar zerreißt, so daß die Geschichte als Gesamtkomplex aufhört, ein Lebensfaktor zu sein. Damit kommt man zum Haupteinwand gegen die von Max Weber empfohlene Arbeitsweise mit Idealtypen: denn dies ist ein statisches, rationales Erfassen von historischen Einzelphänomenen, durch welches das eigentliche Anliegen der Historie, nämlich das Leben aus dem Werden und als Werden zu verstehen, eigentlich negiert und die Machbarkeit der sozialen Welt an die Stelle der historisch-eigentümlichen Prozeßhaftigkeit des Lebens gesetzt wird. Weber übersieht nicht das historische Zustandekommen und die historischen Bedingungen der Phänomene, aber er sieht im Zustandekommen selbst nur eine sekundäre Erscheinung. Gerade indem die Idealtypen aus der Gesamtheit der historischen Entwicklung herausgenommen werden, erscheinen historische Bedingungen, Stadien und Wendungen als eine quantité négligeable. Damit fallen die natürlichen Kriterien für die tatsächliche und ganzheitliche Erfassung dieser Typen ebenso weg, wie auch die Grenzen ihrer Bedeutung leicht mißachtet werden.

Für den historisch sehenden Menschen ist jedoch das Werden der einzelnen Erscheinungen ein Phänomen für sich, eine Ursache dieser historischen Welt selbst, die nicht von der Erscheinung getrennt werden darf. Was sagt schon der Begriff Feudalismus, wenn man nicht die Bedingungen, Wachstumskriterien und Einflüsse des jeweiligen Feudalsystems kennt? Was würde die Trennung Westeuropas und die Bildung souveräner Staaten der Neuzeit eindeutiger und unausweichlicher erklären als der im Gerinnen der Ereignisse sich ergebende Zusammenbruch des englisch-französischen Königtums von 1422–1435? Wer kann den Sturz des Hauses Habsburg vom Augenblick des glanzvollen Sieges über Protestanten, Frankreich und Papsttum 1546 bis zum Verzicht Karls V. 1556 ohne die verschiedenen Reaktionen und Aktionen von den Kurfürsten und den österreichischen Habsburgern, den militärischen Vorstoß Moritz' von Sachsen, die Niederlage Karls vor Metz, die Kinderlosigkeit Marias von England und die Interessen des Hauses Wittelsbach in ihren Verflechtungen wirklich verstehen? Und haben nicht trotz aller Ausfaltung des imperialistischen Systems vor 1914 am Ende doch die Handlungen, Verhandlungen, Rettungsversuche, Ultimaten und Konferenzen in der Zeit vom 28. Juni bis zum 2. August dieses Jahres erst das Zeitalter der Weltkriege heraufgeführt? Diese Beispiele wie Millionen anderer historischer Fakten zeigen, daß das Zusammenfließen verschiedenster Strömungen zu einem bestimmten Prozeß nicht nur Zufall, Accidens oder äußere Form für das Zustandekommen der historisch-wirklichen Welt sind, sondern vielmehr Ursache der Form, Qualität des Seins und der Vollzug des Lebens selbst. In diesem allgemeinen Werden gibt es keine Sonderbereiche, die das Herausgreifen von für sich stehenden typischen Erscheinungen erlauben würden, sondern es gibt nur ein Auswählen von Teilen aus dem Ganzen, deren wissenschaftliche Erfassung wieder und besser zum Ganzen der historischen Welt zurückführt. Max Weber hingegen fragt nicht nach dem Zustandekommen der Erscheinungen als dem eigentlichen Rätsel des historisch zu verstehenden Lebens, sondern er erwartet sich von der idealtypischen Erkenntnis der Wirkungen die Möglichkeit besseren und rationaleren Handelns, weil er letztlich nur diese Wirkungen akzeptiert und das Werden als eine Form der Wirklichkeitsbildung übergeht.

Diese dem Werden abgewandte Einstellung legt einen Vergleich nahe, der zunächst fremdartig, ja inadäquat erscheinen mag, weil die Haltung des Vergleichspartners, nämlich des dänischen Religionsphilosophen Sören Kierkegaard, ganz anderen Grundlagen und Motiven entspringt als diejenige Max Webers. In der Verkrampfung der Wissenschaft zu einem Begriffsapparat, in der Neigung die Kategorialisierung des Lebens zu weit zu treiben und in der Betonung des voluntaristischen Elements in der Wissenschaftsausrichtung zeitigt aber die Abwendung der beiden Denker vom historischen Denken doch ähnliche Folgen. Schroffer noch als der Neukantianer Weber geht nämlich Kierkegaard in seinem Gegensatz zu Hegel von einer aristotelischen Position aus, indem er dem Werden im Dasein des Menschen a priori keine Notwendigkeit, also auch keine Substanzialität zuschreibt. Er schließt die Möglichkeit aus, daß sich durch Werden etwas Notwendiges, also Unabdingbares und Unersetzbares ergibt. Da alles Werden ein Leiden ist, das Notwendige aber nicht leiden kann, ist «das einzige, das nicht werden kann, ... das Notwendige, denn das Notwendige ist»[32]. Gewiß, auch die Vergangenheit, das Geschichtliche besteht für Kierkegaard, aber es ist nicht notwendig, sondern es hat sich frei entwickelt, es ist eine gewesene Möglichkeit. Indem es nur gewordene Wirklichkeit ist, ist es gekennzeichnet durch eine Verdoppelung von Werden: nämlich «daß es, nachdem es gegenwärtig gewesen, als ein Vergangenes bestehen kann»[33]. Aber Kierkegaard erinnert: Will «man das Vergangene als notwendig betrachten, so geschieht es, indem man vergißt, daß es geworden ist»[34]. Der Schluß, den er daraus zieht, ist, daß die Historie gerade aus dem Abstand der Zeit des Geschehenen einer Geistestäuschung unterliegt und so Historisches nur deshalb, weil es schon vergangen ist, als ein Notwendiges betrachtet. Die Zuerkennung dieser Notwendigkeit an die Vergangenheit geschehe aber nur durch den Rausch des historischen Betrachtens, den er charakterisiert als den «leidenschaftlichen Sinn für Werden». Das Bestehen des historisch Gewordenen ist daher im Vergleich zum Bestehen des Notwendigen nur Trugwerk, es ist nur Gewordenes, Mögliches, also aus dem Nichtsein entstandenes und damit letztlich Nichtseiendes. Als Historiker müßte man dazu sagen: totaler läßt sich das Werden als die Substanz der Historie nicht abweisen, oder besser, totaler läßt sich die Qualität des Werdens für das Sein nicht darlegen. Kierkegaard markiert die entscheidende Frage, ob der Historiker mit der Einbeziehung des Werdens in die Lebenswirklichkeit und in die Qualität des Lebens nur ein Opfer des Rausches, der Labilität und Impressionibilität ist oder ob er eben doch den Weg in eine größere und zugleich tiefere Dimension des menschlichen Lebens weist.

Die Antwort kann nicht aus der Betrachtung des Werdens allein gegeben werden, wie es Kierkegaard tut, weil die vom Werden geschaffenen Zustände in der Geschichte für den Menschen bedingende Natur haben. Die Frage nach der Bedeutung des Werdens kann aber auch nicht nur unter dem Aspekt der gewordenen Welt beantwortet werden, wie dies Max Weber versucht, weil das Gewordene selbst nur eine Stufe des Werdens ist und das Werden sich primär nicht als ein sozialer sondern als ein zeitlicher Prozeß zu erkennen gibt. Die Historie als Trugbild des Werdens bei Kierkegaard und die Historie als Potential von beliebigen Idealtypen des gesellschaftlichen Lebens bei Weber: beides sind Formen totaler Gegenwartsbemächtigung, die eine im Zeichen des unbedingten Glaubens und die andere im Zeichen der totalen Rationalisierung, aber beide erscheinen im Vergleich zur Historie als selbständiger Wissenschaft nicht als eine bessere Erfassung dessen, was die Geschichte für den Menschen wirklich ist.

6. Möglichkeiten und Grenzen der Historie

Der Kreis der Probleme um die Geschichte und um die Frage, was Historie heute noch zu sagen vermag, ist abgeschritten.

Die Geschichte an sich, die vollständige Aufschließung der Welt durch die Geschichte, die Geschichte als die Anfang und Ende umschließende Idee und Wirklichkeit des Lebens gibt es nicht. Dies wäre die Religion der Geschichte, bzw. Geschichte als Religion. Es gibt nur die Geschichte aus dem Aspekt des Menschen und im Hinblick auf den Menschen, nur die Geschichte, soweit sie durch den Menschen entsteht und insofern sie für das Verständnis des Menschen Gewicht hat. Die Geschichtswissenschaft ist zwar angeregt und getragen von der philosophischen Frage nach der Bedeutung von Zeit und Geist für das menschliche Dasein, aber sie hat keine philosophisch-systematische Zielsetzung, weil sich ihr Objekt, die sich aus Zeit und Geist ergebende Geschichte, für eine solche Fragestellung als nicht tragfähig erwies. Da Zeit und Geist in der Historie nur in den menschlichen Handlungen greifbar werden und damit bloß Teilaspekt der menschlichen Existenz sind, konzentriert sich ihr wissenschaftliches Bestreben auf die nicht metaphysische Erfassung der Welt, und sie bedient sich dazu des sichtbaren bzw. bezeugten Geschehens in ihr. Sie hat also zur Voraussetzung, daß das Geschehen in der Welt sich vollzieht als ein geschichtliches, also nicht dauerndes; als ein vergängliches, also sich entwickelndes; als ein soziales und also nicht in individueller Selbsterfüllung lebendes; und schließlich als ein öffentliches, also überprüfbares, das von allgemeiner Bedeutung ist. Akzeptiert die Historie damit einen überpersönlichen, allgemeinverbindlichen Lebensbezug des Menschen, so wird das hier nicht spirituell oder religiös gesehen, nicht naturbezogen, sondern es wird verstanden aus der dem Geist und dem Wollen des Menschen entspringenden Handlung und deren diversen zeitlichen Folgen bzw. Wirkungen in der menschlichen Gesellschaft. Der Gewinn der Beschäftigung mit der Geschichte liegt deshalb nicht darin, ihre Ziele zu erkennen oder die menschliche Freiheit zu beweisen, sondern die Formen und Bedingungen des geschichtlichen Lebens zu verstehen.

Bei der Betrachtung der Geschichte als der durch den Menschen hervorgerufenen Verknüpfung von Zeit und Geist ging es weder um die Festhaltung konservativer Positionen noch um die Gewinnung progressiver Einstellungen, sondern um das Was und Wie der Geschichte. Die hier vorgetragene Betrachtungsweise zielte auch nicht darauf ab, im Vergleich zu anderen Darlegungen a priori eine neue Version zu bieten, sondern das Anliegen lag vielmehr darin, durch eine gestraffte und konzentrierte Besinnung auf das Geschichtliche im menschlichen Dasein die Notwendigkeit der Historie und die Lebendigkeit der Geschichte zu demonstrieren. Die Betrachtung der Geschichte durch Zeit und Geist eröffnet aber ganz andere und meines Erachtens eigentümlichere Ausblicke auf Möglichkeiten und Grenzen des historischen Verstehens, als dies die Erörterungen über Methode, Kausalitäten und Werte zu leisten vermögen. Denn letzten Endes geht es für die Historie heute vor allem darum, die unausweichliche Realität der Geschichte zum Ausdruck und zur Geltung zu bringen.

Damit ist schon darauf hingewiesen, daß sich die Erschließung der Welt als Raum der menschlichen Handlungen durch die Historie nicht als ein einmaliger, im 19. Jahrhundert vollzogener Akt verstehen läßt. Vielmehr hat die Historie seit ihrem Entstehen eine unmittelbar und individuell für jeden Menschen geltende, unverzichtbare, unaustauschbare und auch nicht kumulierbare Funktion, solange sie als Darlegung der Welt als ein vom Menschen herrührender Zusammenhang von Zeit und Geist nicht wissenschaftlich widerlegt werden kann. Durch das Erkennen der Geschichte als einer conditio des menschlichen Lebens ist Historie der Weg aus dem Mythos heraus in eine menschliche Welt, weshalb Wittram mit Recht sagt: «Den Platz, den die historische Bildung freiläßt, besetzt der Mythos.»[1] Mit der Erfassung und Konfrontierung von rationalen und irrationalen Momenten tritt sie der Mystifikation entgegen, durch die Erschließung der menschlich besiedelten, bearbeiteten und gestalteten

Welt aus dem Detail der Zusammenhänge und dem Gang der Entwicklung wird die Historie zum eigentlichen Mittel der Umweltorientierung, und durch den Erweis des handelnden Menschen als des Faktors der Geschichte wird sie die unmittelbarste Demonstration der Autonomie des Menschen.

Diese Bedeutung gewinnt die Geschichte in der wissenschaftlichen Betrachtung weniger aus dem philosophischen Aspekt der Geschichtlichkeit des Menschen, als vielmehr durch die Weltzugewandtheit seines Handelns, aus der sich die Geschichte überhaupt herschreibt. Die Betrachtung dieser Weltzugewandtheit in Bedingungen, Formen und Wirkungen durch die Historie ist daher ein legitimer, selbständiger und notwendiger Zweig im Bereich der Wissenschaften. Da aber der Mensch nicht ausschließlich weltzugewandt ist, darum darf auch die im Handeln liegende Weltzugewandtheit nicht zur Totalerklärung des Menschen herangezogen werden. Denn einerseits ist zwar die geschichtliche Wirkung in jedem Handeln angelegt, doch ist zu beachten, daß es im Handeln selbst verschiedene Grade von historischer Relevanz gibt. Die umwandelnde und bewußt historische Tätigkeit des Politikers ist eine andere als die der Stabilisierung dienende des Administrators. Besonders im Wirtschaftssektor ist angesichts der strukturellen Bedingtheit alles ökonomischen Wirkens die Spannung zwischen starker Gegenwartsorientierung und geringer Reflexion über die historischen Konsequenzen und im Gegensatz dazu die bedeutende historische Relevanz aller wirtschaftlichen Veränderungen und eine relativ geringe Planbarkeit des wirtschaftlichen Lebens augenfällig. Der Marxismus weiß es anders, aber um den hohen Preis, daß in seinem System das Handeln überhaupt als nur wirtschaftlich orientiert betrachtet wird und folglich dann der Plan über die Handlungsbewußtheit des Menschen regiert. Im weiten Bereich der Technik wiederum ist zwar die historische Bedeutung der Buchdruckerkunst oder des Dieselmotors offenkundig und der technische Entwicklungsgang von der Herstellung des Papiers bis zur Erfindung der beweglichen Letter im Zusammenhang mit der Steigerung von literarischer Produktion und geistigem Bedarf historisch höchst wichtig. Die technische Erfindung ist aber selbst doch von solcher Art, daß über der historischen Wirkung dieser Erfindung der eigentliche technische Vorgang zu kurz kommen muß, ja die technische Leistung als solche kommt in der Historie eigentlich deshalb zu wenig zur Geltung, weil sich die Historie letztlich überhaupt mehr der Wirkung als dieser Leistung zuwendet. Anderseits gibt es genügend Fälle, die sehr wohl eine hohe historische Wirkung haben, aber a priori nicht von einer historisch-welthaften Absicht getragen waren. Man braucht nur an die Bewegung des Pietismus zu denken, an die Tatsache, daß Platons philosophische Dialoge von größerer historischer Bedeutung waren als sein staatsmännisches Wirken, an Luthers zunächst rein religiöses Wirken, bis er nach der

Konfrontation mit dem Kaiser unter dem Ruf: «Ich bin hindurch, ich bin hindurch» in die politische Arena eintrat. Eine Gestalt wie die König Friedrich Wilhelms IV. von Preußen ist gerade deshalb in der Geschichte so zwielichtig, weil bei ihm der Widerspruch zwischen dem Bewußtsein historischen Handelns und seinem Willen zu einer eigentlich unhistorischen Haltung so augenfällig ist. Weltzugewandtheit und historische Wirkung dürfen also nicht den Blick versperren dafür, daß es neben dem historischen auch andere Aspekte gibt. Darum kann die Historie nur teilweise und nur äußerlich, nur hinsichtlich der Relevanz der Handlungen an den Menschen heranführen, nicht aber die Intentionen, die Fähigkeiten, persönlichen Antriebe und Umstände im Ganzen erfassen, und mit der historischen die absolute Erkenntnis gleichsetzen. Man kann zwar nach dem Wort Jakob Burckhardts die Zeitlichkeit des Geistes und die Geistigkeit der Zeit nicht ungestraft außer Acht lassen, aber man kann sehr wohl feststellen, daß Zeit und Geist auch eine andere Komponente, Erscheinung und Wirkung haben, als die geschichtliche. Sie haben durch die Verknüpfung in der menschlichen Handlung einen geschichtlichen Aspekt, aber durch die Verknüpfung von Wahrnehmung und Reflexion auch einen Aspekt des Bewußtseins, eine Wirkung von Selbsterkennen und Selbstbegnügung und eine Orientierung auf die Existenz allein, eine Wirkung, die jedenfalls an äußeren Folgen und Zeugnissen nicht mehr feststellbar und meßbar ist.

Die Grenzen der Historie, ihrer Möglichkeiten, ihrer Lebenserfassung und ihrer Aussagen sind also nicht nur die Folge ihrer Methode oder einer jeweiligen Methodenlage, ihrer etwaigen narrativen Darlegungsweise oder ihres in Geschichtlichkeit befangenen Verstehens, sondern diese Grenzen erklären sich aus ihrem Anliegen, das angesichts der bloßen Greifbarkeit der äußeren, sozialen und öffentlichen Welt eben nur auf Erkenntnis des entsprechenden Lebens ausgerichtet bleibt. Es ist das Wissen um diese natürliche Beschränktheit von historischem Leben und Verstehen, das uns gleichzeitig gemahnen muß, daß die Geschichte zwar eine harte Realität ist, die Historie aber nur das Bewußtsein von dieser Realität. Und neben diesem historischen Bewußtsein steht das Selbstbewußtsein, das nicht zu verwechseln ist mit einer die Psyche aufschließenden wissenschaftlichen Psychologie, und das seiner Art nach Selbstreflexion ist, gleich ob man es mit Heideggers Wort charakterisiert als das Sein zum Tode oder ob man darunter versteht die unablässige Realisation des Augenblicks im Bewußtwerden seiner selbst. Das hier begonnene Werk wäre nur zur Hälfte getan, wenn man die Erklärung von Zeit und Geist nur in ihrer historischen Bedeutung erfaßte und ihre Resonanz im Selbstbewußtsein außer Acht ließe. Erst wenn auch der individuelle Aspekt von Zeit und Geist ergriffen wird, ist das Ganze umschrieben und die Partikularität des Historischen ganz erkannt. Die beiden Denker, die Zeit und Geist vielleicht am intensivsten an sich selbst erfahren haben und darüber zu erklärten Feinden der Historie wurden, nämlich Friedrich Nietzsche und Paul Valéry, können wohl am ehesten eine Vorstellung davon vermitteln, was ein von der Historie losgelöstes Selbstbewußtsein in der Erfassung von Zeit und Geist zu leisten vermag.

II. ZEIT UND GEIST IM MODERNEN AUTONOMISMUS

1. Die Konfrontation von historisch und existenziell verstandener Autonomie

Das historische Denken, welches das menschliche Dasein nicht mehr aus der Orientierung auf Himmel und Hölle oder auf Vernunft und Willkür zu verstehen suchte, sondern aus der Zeit und dem Geist hier auf der Welt, war der erste und vielleicht entscheidende große Schritt der Moderne zur Autonomie des Menschen. Freilich, wenn man, in der Masse des Stoffes schwelgend, übersah, daß die die Autonomie des Menschen begründende Betrachtungsweise von Geschichte als Zeit und Geist nicht nur die Form, sondern auch die rechtfertigende Voraussetzung aller Historie ist, dann mußte das Streben nach einer historischen Bemächtigung des Daseins in der Welt hybride Züge annehmen. Der Historismus, der die Geschichte zur Philosophie macht, ist die eine Abweichung vom rechten Pfad, die Ummünzung alles Lebens in platte Beschreibung die andere. Und diese Hybris hat viele Gesichter, sie kann sich als Bildungsphilisterei zeigen, wie in Deutschland, als Verbürgerlichung eines unter günstigen historischen Umständen angesammelten Reichtums gebärden, wie in England oder in Skandinavien, sie kann Nationalismus, Panslawismus oder Sozialismus heißen, oder sie kann den Salto mortale vollführen, den die französische Revolution geistig vollzog, als sie einerseits zwar die Tradition vernichtete, anderseits aber sich selbst in ihrer eigenen Geschichte glorifizierte.

Es sind aber diese Wucherungen des allseitigen Historisierens gewesen, die in der geistigen Welt in zunehmendem Maße das Bewußtsein weckten, daß die Betrachtung des menschlichen Lebens als autonome Gestaltung von Zeit und Geist nicht nur historisch, also öffentlich, politisch und in sozialer Relevanz möglich ist, sondern ebenso privat, erlebend, reisend, räsonnierend, die Kunst oder das Spiel, die Natur oder die Gesellschaft genießend und schließlich sich selbst betrachtend. Natürlich gab es dies zu allen Zeiten, man braucht nur an Lukrez oder an Montaigne, an Abaelard oder an Lichtenberg zu denken. Aber die von der Religion losgelöste und ganz auf den Menschen abgestellte Welt der Moderne hat auch die Vorstellung von Zeit und Geist, wie sie dem Menschen eigen ist, beeinflußt. Wo Zeit und Geist als die eigentliche Potenz des Menschen erschienen, mußten Zeit und Geist auch als die Grenze des Menschen offenbar und ihre Nachbarschaft zum Nichts erkennbar werden. Kierkegaard ist vielleicht bedeutendster Kronzeuge dafür. Indem der moderne Mensch durch die Loslösung von einer christlich-bestimmten und jenseits-orientierten Weltbetrachtung Zeit und Geist als seine Zeit und seinen Geist erfahren und erfassen lernte, hat er sich in ganz anderer und neuer Weise im Selbstverständnis der eigenen Art als Person konstituiert. Er hat dadurch ein Bewußtsein von sich und über sich kreiert, das ihm auch abseits von der äußeren Welt ein aktives Leben ermöglicht und ihm erlaubt, in diesem ganz individuellen Bereich die natürliche und bloß verfallende Bindung des Leibes an die Zeit aufzuheben. Ja, dieses Bewußtsein von sich ist die Manifestation der individuellen Wahrnehmung und Erfüllung von Zeit und Geist, es ist auch das Zentrum der Autonomie des modernen Menschen. Aber es war sogar möglich, daß diese Selbstvollendung des Menschen im Selbstbewußtsein sich schließlich auch von der Geschichte und den Konventionen des historischen Denkens absetzte.

So sind die Philosophien von Schopenhauer, Kierkegaard, Nietzsche, Husserl und Heidegger in gewisser Hinsicht auch ein entschiedenes Nein gegen jede historisch-weltlich-deterministische Kontinuität, und sie sind verschiedenartige Versuche, vom Willen, vom voraussetzungslosen Glauben, von der Entsagung, vom Selbstverständnis und Selbstsein des Menschen her das persönliche Leben in der Welt zu gestalten. In der Malerei hatte sich bis zu Böcklin hin eine erotisch gewandelte Einbeziehung der ganzen natura perennis in die künstlerische Schau vollzogen. Dagegen erhob sich seit Manet bis hin zum Kubismus der große Protest, der seinerseits die Wahrheit des Augenblicks, die individuelle Impression und die visuelle Konstruktion zum Maßstab der bildnerischen Kunst machte. Schaut man im Bereich der Musik zurück auf die Revolution des 19. Jahrhunderts, so mutet Nietzsches Bruch mit Wagner wegen dessen Rückkehr zur christlichen Tradition im «Parsifal» heute als ein groteskes Mißverständnis des Philosophen an, da Wagner doch gerade im «Parsifal» den letzten Schritt zur Selbstverherrlichung des Künstlers Wagner im goldverbrämten Spiegel der christlich-asketischen Kulturkontinuität tat. Schumann, Chopin, Brahms haben ihr Weltgefühl musikalisch nicht mehr in Messen zum Ausdruck gebracht, sondern in virtuosen Solokonzerten. Besonders eindrucksvoll zeigt sich aber der Schritt zum Autonomismus in der Literatur, wo das erzählende Ich zum Objekt der Betrachtung erhoben wird. Antwortet Flaubert auf die Historien Balzacs, den Gefühlsüberschwang Victor Hugos und die romantisch-bekenntnishafte Dichtung der Lamartine, Chateaubriand, Musset mit der Forderung nach einem Bild von der «éternelle misère de tout», so vollzieht sich seit der Schule des Parnaß, vor allem aber dann bei Baudelaire, bereits die totale Offenlegung des Ich durch das Medium der dichterischen Sprache. Bei den Schriftstellern, die seit dem Ende des 19. Jahrhunderts den Weg in die Moderne weiterführen, gewinnt die Autobiographie, das Tagebuch, das Briefwerk und die

Transformation der Darlegung des eigenen Erlebens in die Beschreibung der Welt überhaupt den Vorrang im literarischen Schaffen, man denke nur an Proust, an Gide, Bernanos, Rolland, Péguy, Valéry, Kafka, vor allem aber wohl an James Joyce.

Aber genug der Beispiele. Es ist offensichtlich, daß trotz aller Differenzen im einzelnen bei diesen Repräsentanten der Moderne die Tendenz zur Verwirklichung und Demonstration der individuellen Autonomie, der Abwerfung aller und jeglicher Bindung und der Orientierung der Kunst am Selbstbildnis – nicht an der Selbsterkenntnis – der beherrschende und durchgehende Zug ist. Nicht einmal die an sich sehr wichtige Frage soll uns hier bewegen, ob dieser philosophisch-künstlerische Autonomismus des 19. und 20. Jahrhunderts nun eine Fortbildung des historisch-autonomen Denkens oder eine Gegenbewegung gegen den idealisierenden Historismus oder schließlich nur eine spezifisch französische Version des modernen Autonomismus im Vergleich zu der in Deutschland vorherrschenden historischen Richtung ist. Zur Beantwortung dieser Frage wird bei einem so riesigen Komplex stofflicher und methodischer Art erst eine moderne Geistesgeschichte die Zugänge schaffen müssen.

Betrachtet man aber nach dieser kurzen Gegenüberstellung des modernen Autonomismus in Historie einerseits und Philosophie und Kunst andererseits das Verhältnis dieser beiden Formen zueinander generell, so scheint mir der wichtigste Unterschied darin zu liegen, daß im letztgenannten Bereich dieser Autonomismus überall noch einen Schritt weiter gegangen ist. Demonstration der persönlichen Zeit und des persönlichen Geistes haben wir überall zu konstatieren; aber während in der Historie Zeit und Geist des Menschen, selbst in der individuellsten Erscheinungsweise, im Bezug auf die Geschichte zusammengebunden sind und in der Geschichte einen neuen, übermenschlichen Bezugspunkt haben, wird in Philosophie und Kunst trotz des intensivsten Zeit- und Geistempfindens der Zusammenhang gesehen, aber als transzendentale Wirklichkeit und überindividuelle Orientierung aufgegeben. Vielmehr sind Zeit und Geist hier willkürlich angewandte und anwendbare Seinsweisen. Man findet sie in der Zeitnegation Kierkegaards ebenso wie in der totalen Verzeitlichung des Menschen bei Nietzsche; das Kunstwerk kann sich ebenso im zeitfressenden Sturm des Tristan präsentieren wie in der geistspiegelnden Manier der Suche nach der verlorenen Zeit. Gerade die größte Aufgabe der modernen Literatur in diesem Sinne, nämlich die bei James Joyce in der Gestalt und im Verbrauch der menschlichen Materie erschlossene Zeit nun in die Kombination des intensivsten Zeiterlebens zum geistig strukturierten Bewußtsein zu bringen, ist nie in Angriff genommen worden, soweit ich sehe.

Zeit und Geist als die beiden Komponenten des menschlichen Daseins in der Welt erscheinen also in der Regel voneinander getrennt oder jedenfalls verschieden gewichtet. Der moderne Autonomismus in Philosophie und Kunst entbehrt somit den Weltbezug, der in der Historie gerade durch das Zusammenwirken von Zeit und Geist hergestellt wird, und das menschliche Leben wird verstanden als eine totale Selbstverwirklichung des Ich in der Gestalt von Zeit oder Geist – alles Erscheinungen, die in der sozialistischen Philosophie und Kunst ein entsprechendes Gegenstück haben. Bei Nietzsche und Valéry werden dann je verschieden voneinander Zeit und Geist überhaupt zu totalen Lebensprinzipien erhoben. Gehen diese beiden Denker so am weitesten in der Isolierung von Zeit und Geist und auch in der Autonomisierung des Menschen unter verschiedenen Vorzeichen, so verwundert es nicht, daß wir in Nietzsche und Valéry auch die konsequentesten Verfechter des modernen Antihistorismus vor uns haben.

Damit ist die Problematik umrissen, um die es im Folgenden geht. Sie ist kurz zu charakterisieren als die Frage, ob die in enger geistiger Verwandtschaft stehenden beiden Richtungen des historischen und existenziellen Autonomismus notwendig in einen Gegensatz treten und sich durch diese Spaltung überhaupt wechselseitig ausschließen müssen oder ob es hier Brücken bzw. ein Nebeneinander gibt oder ob dieser Gegensatz sich schließlich nur als ein Mißverständnis erweist. Notwendig muß diese Arbeit auch eine Aussage über die geistige Situation beinhalten, in der sich die individualistisch gebliebene westliche Welt gegenwärtig befindet, da sie aus der geistigen Auseinandersetzung über das Selbstverständnis des Menschen erwachsen ist. Aber es ist zu betonen, daß ihr nicht die Absicht einer solchen Zeitcharakteristik zugrunde liegt, sondern daß sie ausgeht von dem sachlichen Bemühen zu klären, inwiefern das Selbstverständnis des Menschen aus Zeit und Geist im Bereich des Bewußtseins allein möglich ist. Dazu ist darzulegen, was Zeit und Geist für Nietzsche und für Valéry bedeuten, in welchem Verhältnis zueinander sie gesehen werden.

2. *Geschichtsfeindlichkeit und Zeitverständnis bei Nietzsche*

Die Frage nach dem Verständnis von Zeit und Geist im modernen Autonomismus und nach der sich daraus ergebenden Geschichtsfeindlichkeit wird hier nicht in der Absicht gestellt, in akademischer Weise System und Wert oder in geistesgeschichtlicher Darlegung Herkunft, Ort und Folgen dieser Geschichtsfeindlichkeit zu erläutern, sondern es wird nur gefragt nach dem Selbstverständnis des modernen, sich autonom fühlenden Menschen. Es ist also nicht beabsichtigt, hier Nietzsche und Valéry vor den Richterstuhl der Historie zu zitieren, und das Anliegen ist nicht darauf gerichtet, zu erfahren, inwiefern ihre geschichtsfeindliche Haltung aus dem Aspekt des Historikers gerechtfertigt, akzeptabel oder nicht akzeptabel ist. Nach den Überlegungen über die Historie kann davon ausgegangen werden, daß auch die Geschichtsfeindlichkeit eine Folge und eine Manifestation des modernen Autonomismus ist, jedenfalls aber eine Realität, innerhalb deren sich die freie Individualität entwickeln konnte und sich zu konstituieren suchte. Der Ansatzpunkt ist also weniger die Historie als der Autonomismus selbst, denn erst so wird sich erkennen lassen, wie sich der Autonomismus neben der Historie behauptet bzw. mit einer historischen Auffassung von der Autonomie des Menschen verträgt. Positiver gesagt heißt dies, wir haben uns mit der paradoxen Tatsache auseinanderzusetzen, daß Nietzsche die Realität der Geschichte als eigenständige Kontinuität und als eine verbindliche Form des menschlichen Daseins ablehnt und daß er dennoch die Zeit, die ein unverzichtbarer Bestandteil aller historischen Vorstellung ist, als den eigentlichen Boden der menschlichen Autonomie betrachtet.

Für alle drei großen philosophischen Autonomisten des 19. Jahrhunderts, die die Autonomie nicht als eine solche des Daseins in der Welt ansehen, sondern als eine des Menschen schlechthin, also für Kierkegaard, Marx und Nietzsche, könnte das Verhältnis zur Geschichte charakterisiert werden mit dem Wort aus dem Zarathustra: «‹Das das war›, so heißt der Stein, den er nicht wälzen kann.»[1] Aber während Kierkegaard die Autonomie des Menschen, also die Loslösung von Ideen, Traditionen und Institutionen im Glauben sucht und nur im Glauben, Marx hingegen in einer sozialen Ordnung, die kein Eigentum mehr kennt, sucht Nietzsche sie diesseits aller überindividuellen Ordnungen in der Identifikation des Ich mit der Zeit, also in der Fähigkeit und im Willen, in jedem Augenblick die ganze Möglichkeit des Menschen und die Wirklichkeit der Welt auszuschöpfen. Freilich, wohl weniger in der philosophischen Tradition stehend als Kierkegaard und Marx, hat Nietzsche diesen seinen Sinn für die Autonomie aus seiner persönlichen Mitgift mit – und in die Philosophie hineingebracht, und er ist darum immer auch ein Sonderfall in der Philosophiegeschichte geblieben. Dieser Sinn stammt aus seiner ungeheuren Lebensintensität und der eigenartigen Mischung von Künstlertum und Philosophentrieb, die in jedem Augenblick sich selbst neu erstehen sieht und Neues aus sich schafft, abseits von der Gelegenheit der Gegenwart, den persönlichen Wünschbarkeiten und der historisch erfaßbaren Möglichkeiten aus dem Gestern und Heute. Nietzsche war – bei allen Grenzen des sprachlichen Schaffens – als Philosoph ein Musiker, der «im Widerschein des Urschmerzes» lebte,[2] und er war als Mensch ein ewig Morgiger, was allerdings – und dies schon seit seinen Lebzeiten – weniger politisch denn existenziell zu verstehen ist. Mehr als vielleicht bei irgendeinem anderen Philosophen läßt sich darum auch die Problematik zwischen Aussage und Auslegung nicht völlig aufheben, und dies gilt besonders auch für die hier allein interessierende Geschichtsfeindlichkeit.

Die Autonomie des Menschen, oder wie Nietzsche sagen würde: die Selbstverwirklichung im Übermenschen, fordert nach der Vorstellung des Philosophen die Ablehnung der Geschichte. Das Aufgehen des Menschen in ihr erscheint ihm als eine Selbsttäuschung, ja, «die Historie mit einem immanenten Geist, welche ihr Ziel in sich hat und der man sich überlassen kann»[3], hindert eigentlich die Autonomie und ist eine bloße Aushilfe, weil für den Menschen dadurch «das Ziel von außen her gestellt, gegeben, gefordert» wird. Ganz scharf umreißt Nietzsche diese Ablehnung in der ersten unzeitgemäßen Betrachtung mit den Worten: «Wer sein Leben nur als einen Punkt versteht in der Entwicklung eines Geschlechtes oder eines Staates oder einer Wissenschaft und also ganz und gar in die Geschichte des Werdens, in die Historie hineingehören will, hat die Lektion, welche ihm das Dasein aufgibt, nicht verstanden und muß sie ein andermal lernen.»[4] Aus diesem Erlebnis der «Qual des Umsonst» und der Einsicht, daß wir «einen Sinn in allem Geschehen gesucht haben, der darin nicht ist»[5], muß sich der um die Autonomie bemühte Mensch dem Nihilismus zuwenden, den Nietzsche freilich nicht als einen passiven, erschöpften Nihilismus der Hoffnungslosigkeit versteht, sondern als einen aktiven, als einen Ansturm gegen alles Überlieferte, gegen die selbstgeschaffenen Götzen, aber auch gegen alle künftigen Ordnungen, die aus irgendeinem Vernunftgrund dem Menschen über den Kopf gestülpt werden sollten.[6] Dieser aktive Nihilismus der Zerstörung, der Kraft und «der gesteigerten Macht des Geistes» ist freilich nicht das Ziel, nicht die Selbstverwirklichung des Menschen, sondern er «stellt einen pathologischen Zwischenzustand dar», aber er wird die Geschichte der nächsten Jahrhunderte bestimmen. Denn auf dem Weg zum Übermenschen ist mit der Heraufkunft des Nihilismus «die Notwendigkeit selbst ... hier am Werke»[7]. Es ist freilich wichtig, daß dabei die Welt oder ein bestimmter Zustand in ihr keine Rolle spielt, sondern der Weg der Menschheit durch den Nihilismus für Nietzsche zu einem Zustand führt, in dem das volle Zeiterleben die Identität von Augenblick und Ewigkeit bedeutet und der Mensch durch die Gleichgültigkeit gegen die Bedingungen der Welt die ganze Freiheit gewonnen hat. Hier, wo die Zeit sowohl als Medium wie auch als purer Akt der Selbstverwirklichung des Menschen erscheint, hat sie keine historische Bedeutung mehr, sie ist ganz individualisiert, ganz vermenschlicht. Angesichts dessen war es sowohl von anderen falsch, die philosophischen Aussagen Nietzsches politisch auszuwerten und seine weltlose Philosophie zur Weltanschauung zu machen, wie es wohl auch bei Nietzsche selbst ungereimt erscheint, Zeit und Werden im Bezug auf die Vergangenheit abzulehnen, aber gleichzeitig Zeit und Werden nur als den Existenzraum der Zukunft zu begreifen. Um Nietzsches willen ist es darum von großer Bedeutung, seine Geschichtsfeindschaft von seinem Zeitverständnis zu sondern.

Der historisch versierte Leser macht durch das ganze Werk Nietzsches hindurch die fast peinliche Feststellung, daß der Philosoph ständig über die Historie urteilt, ohne mit der Faktizität der Geschichte eigentlich vertraut zu sein. Er wird konfrontiert mit einem Dilettanten in der Historie, der sich berufen fühlt, die Welt von den Gebrechen der Historie zu heilen. Genau gesagt heißt dies, der Leser gewahrt, daß Nietzsche sein ganzes Leben hindurch den Begriff des Werdens in seiner Bedeutung als Kategorie des philosophischen Seinsverständnisses verwechselt mit dem Begriff der die Geschichte vertretenden Zeit. Gleich anschließend an die oben zitierte Stelle aus der ersten unzeitgemäßen Betrachtung fährt Nietzsche fort: «Dieses ewige Werden ist ein lügnerisches Puppenspiel, über welchem der Mensch sich selbst vergißt, die eigentliche Zerstreuung, die das Individuum nach allen Winden ausstreut, das endlose Spiel der Albernheit, welches das große Kind Zeit vor uns und mit uns spielt. Jener Heroismus der Wahrhaftigkeit besteht darin, eines Tages aufzuhören, sein Spielzeug zu sein. Im Werden ist alles hohl, betrügerisch, flach und unserer Verachtung würdig.»[8] Dieselbe grandiose Verwechslung ist vom Historiker aus gesehen auch das eigentliche Dilemma der wichtigen, der Stellung der Historie im Geistesleben der Zeit gewidmeten zweiten unzeitgemäßen Betrachtung «Vom Nutzen und Nachteil der Historie für das Leben». Schon im ersten Satz der Schrift gehen historisches und individuelles Werde-Denken heillos ineinander über, wenn Nietzsche das Glück des weidenden Tieres im Vergleich zum Unglück des reflektierenden Menschen darin erkennt, daß der historisierende Mensch eben die Paradiespforte des Vergessenkönnens hinter sich gelassen hat und nun, verurteilt, überall ein Werden zu sehen, auch den Glauben an sein Sein verlieren muß. Weil das Untergehen im Werdestrom den Menschen zum Unglück treibt, ist «das Unhistorische und das Historische gleichermaßen für die Gesundheit eines Einzelnen, eines Volkes und einer Kultur nötig». Vorstellungen der individuellen Erlebniswelt und solche der wissenschaftlichen Erschließung werden durcheinandergeworfen, miteinander identifiziert und daraus geschlossen, daß die Historie auch eine schädliche Wirkung habe. Weil Nietzsche das Werden als solches mit dem Geschehen der Geschichte verwechselt, fordert er, daß man nur dann und nur soviel Geschichte treiben dürfe, als «die Historie zum Zwecke des Lebens» diene, und das heißt also, nur im Dienste der Lebenspraxis in Gegenwart und Zukunft.

Das Problematische an alledem ist, daß hier Richtiges mit Falschem vermengt wird, daß Nietzsche mit der ihm eigenen Hellsichtigkeit und Instinktsicherheit das «Zuviel an Historie» in seiner Zeit erkannt hat, aber daran die Forderung nach «dem Unhistorischen und Überhistorischen» knüpft; das Problematische liegt darin, daß Nietzsche scharfsinnig die drei Formen von antiquarischem, monumentalischem und kritischem Geschichtsbetrachten erfaßt, daß er die Harmlosigkeit der Theologie sah, die sich mit der Geschichte einließ, daß er aber aus der «angeborenen Grauhaarigkeit» seiner Zeit nur herauskommen zu können glaubte, indem er eine «wesentlich unhistorische Bildung» als das anzustrebende Ideal bezeichnete. Hat er auch die «historische Krankheit» seiner Zeit erkannt, so ist es mit ihm selber doch so, als ob der Nervenarzt den Kreislaufkranken heilen wollte.

Nun wäre es aber zu billig, dies alles nur als Mißverständnis zu erklären und damit auch Nietzsches Geschichtsfeindlichkeit als unzulänglich ad acta zu legen. Gewiß ist Nietzsche zum guten Teil auch deshalb geschichtsfeindlich, weil sein historischer Horizont voll von Mißverständnissen ist und er selbst die Historizität des Lebens nicht auf Voraussetzungen und Grenzen befragt, sondern ihr einfach die totale Unhistorizität des menschlichen Daseins entgegenstellen will. Er sieht in der Geschichte eine Einschnürung des Menschen, wogegen er ihr die Aufgabe zuschreibt, ein Impuls «zum Leben und zur Tat zu sein», ohne zu verstehen, daß die Geschichte den Aspekt des menschlichen Weltbezuges vor allem in betrachtender Weise anzubieten hat. Er identifiziert in der Schrift «Vom Nutzen und Nachteil der Historie» das Vergangensein faktischer historischer Gemeinschaften mit dem Gewesensein des individuellen Erlebnisses;[9] er meint, das Zerreißen des «historischen Wolkenschleiers» sei eine Vorbedingung für das richtige Erfassen eines Phänomens wie z. B. des Straßburger Münsters;[10] er bezichtigt die wissenschaftliche historische Betrachtung, die Lebenskräfte zu schwächen, während er im Grunde doch nur von den historisierenden Emotionen eines Dilettanten spricht;[11] er verurteilt die Bemühungen um distanzierende Objektivierung des historischen Gegenstandes und tadelt die Neigung der Historiker zu dem, «was überhaupt nicht aufregt»; dafür fordert er von diesen vor allem die «künstlerische Potenz»; überhaupt betrachtet er die Geschichte mehr als eine Summe von übermenschlichem Geschehen denn als einen Vollzug menschlicher Handlungen, wie es am Beginn der vierten unzeitgemäßen Betrachtungen typisch heißt: «An sich hat kein Ereignis Größe, und wenn schon ganze Sternbilder verschwinden, Völker zugrunde gehen ... über vieles der Art bläst der Hauch der Geschichte hinweg, als handele es sich um Flocken.»[12] Und schließlich ist hier noch zu erwähnen die vom Historiker nicht zu akzeptierende Übertragung der philosophischen Diskussion um die Kausalität auf das Kausalproblem in der Geschichte. Denn Nietzsche bestreitet die reale Kausalität und sieht in einer Kausalfolge nur die Täuschung über den Sachverhalt einer «Wiederkehr identischer Fälle»[13]. Doch ist mit diesem Mißverständnis über die Kausalität in der Geschichte bereits das Problem des Werdens im allgemeinen angesprochen, welches als Nietzsches Hauptanliegen hernach speziell zu behandeln ist. Hier ging es primär darum, schon dort Mißverständnisse von Geschichte zu erfassen, wo Nietzsche nur über die Geschichte spricht, und es ging darum zu erweisen, wieso seine Geschichtsfeindlichkeit sich auch aus der Verkennung des historischen Anliegens der Geschichte ergibt. Dieses Mißverständnis ist gravierend genug, um Nietzsche die Kompetenz über die Historie abzusprechen. Es darf uns aber nicht daran hindern, in Nietzsches Vorstellung von der menschlichen Existenz als einer im Werden stehenden und aus der Zeit zu erklärenden doch einen elementaren Ausdruck des modernen Autonomismus zu erkennen. Das bei Nietzsche Verwechselte und Verwirrte von Geschichte und Zeit war zuerst zu bezeichnen, um danach die Bedeutung der Zeit für das Individuum erfassen zu können. Ist bei Nietzsche auch das Werden und die Frage nach dem Werden in die Beurteilung der Geschichte hineingeraten und hineingeronnen, so darf doch nicht übersehen werden, daß seine eigentliche Frage diejenige nach der Rolle des Werdens im menschlichen Leben war.

Dabei ist nun wenigstens einfügend anzudeuten, daß die Brüche und Wandlungen in Nietzsches Denken hier nicht übersehen werden. Von den zitierten Aussagen über das Werden aus der ersten und zweiten unzeitgemäßen Betrachtung, wo der Einzelne aufgerufen ist, eine «Brücke über den wüsten Strom des Werdens zu sein», ist ein weiter Weg zu den Thesen der späten Aphorismen, wo dann zu lesen ist: «man darf nichts Seiendes überhaupt zulassen, weil dann das Werden seinen Wert verliert.»[14] Bei aller Differenz zwischen diesen Auffassungen ist aber doch das Anliegen Nietzsches gleich geblieben, in der Zeit den Boden der menschlichen Autonomie zu erkennen, und was sich bei ihm gewandelt hat, ist mehr die Einschätzung des Werdens im Hinblick auf das zu erreichende Ziel als der Wert dieses Werdens selbst. Wir haben hier nicht den Wandel dieser Einschätzung zu verfolgen und zu begründen, sondern den Wert herauszudestillieren, den die Zeit in Nietzsches Denken einnimmt. Hierher gehört meines Erachtens als erste wichtige Beobachtung dies, daß das Werden bei Nietzsche in den frühen, wie auch in seinen späten Phasen ohne Bezug auf die Welt, auf Mögliches und außerhalb des Menschen zu Erreichendes gesehen wurde. In diesem Sinn bedeutet Nietzsches Bemühen um das Werden als Zentralbegriff der modernen Lebenserschließung die totale Umkehrung der ganzen älteren Philosophie bis zu Hegel hin, eine Abkehr von aller Tradition und den Neubeginn des modernen Philosophierens beim Menschen allein; aber es ist auch ein atavistischer Zug dieses Philosophierens nicht zu verkennen, wenn man bedenkt, daß die naturwissenschaftliche, die historische und die soziale Welterschließung in der Neuzeit auch der Philosophie seit Descartes neue Akzente, Methoden und Zielsetzungen aufgeprägt haben. Die wesenhaft anthropozentrische Form der Zeitbetrachtung bei Nietzsche läßt sich in dreifacher Hinsicht feststellen, nämlich die Zeit als vitaler, als geistiger und als existenzieller Vorgang.

Im Bereich der Vitalsphäre bezeichnet Nietzsche das Werden als einen

Vollzug, bei dem einerseits das Materielle nur die Funktion eines Hindernisses für die sich entfaltende Kraft hat, in dem anderseits aber eine bestimmte Wirkung nicht intendiert und auch nicht intendierbar ist. Werden, «losgelöst von allen Erfahrungen», erweist sich ihm als eine sich im Vitalbereich abspielende Relation zwischen menschlichem Wirken und der Materie. Danach ist «das ganze Wesen der Wirklichkeit eben nur Wirken» oder anders gesagt, «die gänzliche Unbeständigkeit alles Wirklichen, das fortwährend nur wirkt und wird und nicht ist», erscheint ihm nur erklärbar durch das ewige Auseinandertreten einer Kraft in verschiedene und zur Wiedervereinigung strebende Tätigkeiten.[15] Somit erweist sich «alles Geschehen, alle Bewegung, alles Werden als ein Feststellen von Grad- und Kraftverhältnissen, als ein Kampf»[16] und das Leben «als eine dauernde Form von Prozessen der Kraftfeststellungen, wo die verschiedenen Kämpfenden ihrerseits ungleich wachsen»[17]. Und das Werden als Tätigkeit versteht Nietzsche dann «als Erfinden, Wollen, Selbstverneinen, Sich-selbst-überwinden: kein Subjekt, sondern ein Tun, Setzen, schöpferisch».[18]

Zum Vergleich soll hier kurz auf den Vitalismus Henri Bergsons verwiesen werden, der zwar seinerseits auch die Prozeßhaftigkeit als die entscheidende Qualität des Lebens betrachtet, indem er sagt: «Das Leben ist von Ursprung an Fortsetzung eines einzigen und selben Impulses, der sich an die verschiedenen Entwicklungsreihen verteilt hat.»[19] Aber für seine aus dem naturwissenschaftlichen Denken entwickelte Vorstellung vom Werden zeigt sich dieser Prozeß nicht entsprungen aus der Polarität der Kräfte, sondern aus einem einzigen dem Leben zugrundeliegenden Elan der Lebensschwungkraft, die sich selbsttätig durch alle Formen des Daseins hindurchbewegt. Die Zeit ist daher für Bergson weder Setzung im mechanistischen, noch Telos im finalistischen, noch reiner Wechsel von Werden und Vergehen im polaristischen Sinne Nietzsches, sondern sie ist letztlich kontinuierliche Dauer des Lebens. Auch für Bergson gibt es daher nicht die von außen her das Leben konstituierenden Mächte, aber der Vollzug des Werdens außerhalb des Menschen führt ihn auch nicht zur Autonomie des Menschen als Selbstschöpfer der Zeit.

Zunächst hat aber Nietzsches eigenartiger Vitalismus die Folge, daß das Ausleben einer atomistischen Unzahl menschlicher Kraftzentren zum Kampf aller gegen alle, zum eigentlichen Gesetz dieses Werdens wird, daß alles als Materie betrachtet wird, was man nicht selbst ist, und dieses totale Werden sich eigentlich weniger als Leben der Humansphäre als der reinen Vitalsphäre zeigt. Die Umsetzung der Zeit in Kraft et vice versa hebt aber jene Distanz und Differenz des Menschen zur Zeit auf, die ihm die Zeit zu einem Raum der Entscheidung, der geistigen Potenz und Freiheit macht und durch die das Werden im Menschenbereich für eine historische Betrachtung bedeutsam wird. Denn die Wirklichkeit in diesem «alleinigen und ewigen Werden» ist ja nicht eigentlich Handlung, sondern nur Vollzug von Dasein, dieser aber bewirkt ein Geschehen, dem kein Zug der Vernunft, keine Erkennbarkeit und auch keine Logik der Handlung mehr abzulesen ist.

Damit ist aber die weitere Folge dieser Auffassung von Werden, daß Nietzsche auch jede Vorstellung von kausaler Folge, jeden Sinn von Handlung als Handlung und schließlich auch jede Möglichkeit von menschengemäßer Entwicklung im sozialen Bereich beiseiteschiebt. Alles «post hoc» gilt ihm als eine unangemessene Ummünzung in ein «propter hoc», «der Begriff ‹causa› ist nur ein Ausdrucksmittel, nicht mehr»[20], und die Meinung, «daß alles Geschehen ein Tun sei und daß alles Tun einen Täter voraussetze»[21], als ein frommer Glaube. Demgemäß ist ihm schließlich auch ein menschliches Gemeinwesen wie der Staat nur im Sinne des Zusammenspiels eine Einheit, das Gebilde einer Herrschaft «das eins bedeutet, aber nicht ist», in Wirklichkeit also «atomistische Anarchie»[22]. Nietzsche leugnet im menschlichen Tun nicht die Absicht als solche, wohl aber die als Geschichte erkennbare Folge dieser Tat, da er erklärt: «Alles Geschehen aus Absichten ist reduzierbar auf die Absicht der Mehrung von Macht.»[23] Da solcherweise «die Ursache des Geschehens ... das Geschehen selbst» ist, der Beginn jeglicher Handlung nur im «Gefühl von Kraft, Anspannung, Widerstand und ein Muskelgefühl» erscheint, kommt er zu dem Schluß: «Causa ist ein Vermögen zu wirken, hinzuerfunden zum Geschehen.»[24]

Unversehens stehen wir damit bereits in der zweiten Erörterung über das Werden als einem geistigen Vollzug, die sich nach allem Vorangegangenen freilich nur mit der Frage nach dem Geist innerhalb des zeitlichen Vitalprozesses beschäftigen kann. Denn es ist offensichtlich, daß der Geist als eine besondere Fähigkeit und Form des menschlichen Wirkens bei Nietzsche nicht mehr Bedingung und Bestandteil des Werdeprozesses sein kann, er ist vielmehr in seinem Gesamtverständnis vom menschlichen Dasein getrennt von der Zeit und dieser untergeordnet. Er macht die «unsinnige Überschätzung des Bewußtseins» nicht nur dafür verantwortlich, daß der Mensch als geistiges Wesen bezeichnet, sein Handeln als zweckmäßig und systematisch, sein Denken als erkennend und sein Wille als verursachend betrachtet wird, sondern er glaubt, die historischen Vorstellungen von der Überwindung der egoistischen Begierden und Sinne im Interesse eines größeren Ganzen, von der Hinwendung zur Realität des Seins, der Verbesserung der Lebensumstände und der Tendenz zum Fortschritt in der Geschichte auf die bloße Überschätzung dieses Bewußtseins und seine Kausalverbindungen zurückführen zu können.[25] Und Nietzsche weiß auch um die Konsequenzen einer so hohen Einschätzung des Bewußtseins, die im Gegensatz zu seiner eigenen totalen Verzeitlichung des Menschen steht: «den Menschen in Geist auflösen hieße ihn zu Gott machen:

Geist, Wille, Güte – eins.» Nietzsche hat alle Brücken nach rückwärts abgerissen, selbst in der säkularisierten Welt des 19. Jahrhunderts, in der Jakob Burckhardt bereits von der ausschließlichen Zuordnung von Zeit und Geist zueinander spricht, ist er ein einsamer Sucher, dem die Unterordnung des Geistes unter den zeitlich-vitalen Prozeß notwendig wird, um die in der Geschichte angelegte Autonomie des Menschen zu leugnen und die Autonomie jenseits aller Bindungen zu begründen.

Nun leugnet Nietzsche nicht das Vorhandensein des Bewußtseins, und er leugnet auch nicht, daß es im Menschen ein Direktorium zur Obhut, Vorsorge, Einmagazinierung und schließlich zur Entscheidung über den jeweiligen Vorrang unter den verschiedenen Bestrebungen gibt. Aber das Bewußtsein ist nicht diese Leitung, sondern es ist nur «ein Organ der Leitung»[26]. Denn die Fähigkeiten des Denkens seien dadurch begrenzt, daß die Möglichkeiten nicht ausreichen, um zu einem vollen Selbstbewußtsein und Selbstverständnis zu gelangen, auch Geist und Denken sind nur ein Glaube. Wahrnehmen, Denken und Urteilen richten sich in ihrer Tätigkeit nur auf Einordnen und Gleichmachen des neuen Materials, und dieses Gleichmachen ist schließlich nichts anderes als das, «was die Einverleibung der angeeigneten Materie in die Amöbe ist»[27]. Mit allem Bewußtwerden und der Koordination der neuen Eindrücke vollzieht sich letztlich also nur die Annäherung des Neuen an das «biologische Zentrum des Individuums»[28], und auch dies nur insoweit, als dies dem Individuum nützlich ist. «Die Nützlichkeit der Erhaltung, nicht irgendein abstrakt-theoretisches Bedürfnis, nicht betrogen zu werden, steht als Motiv hinter der Entwicklung der Erkenntnisorgane.»[29] Wieder gewahrt man, wie die anthropozentrische Fragestellung bei Nietzsche eine retrospektive Betrachtungsweise und schließlich eine identifizierende Schlußfolgerung nach sich zieht: die ausschließliche Ausrichtung seiner Frage nach Wahrnehmungs-, Denk- und Urteilsvermögen im Bezug auf die innermenschliche Sphäre führt ihn zur Auffassung vom beschränkten Leistungsvermögen des Intellekts, während die Frage nach dem Wahrnehmen und Erkennen der Welt nicht gestellt und folglich auch für die Beurteilung dieses Intellekts nicht als relevant betrachtet wird. Die Einsicht in die Beschränktheit der Selbsterkenntnis führt Nietzsche zur negativen Beurteilung der Erkenntnis überhaupt und damit zur Unterordnung des Geistes unter das Werden. Denn da Zeit und Geist nur im Negativen gleichgestellt sind, nämlich in ihrer wesensmäßigen Diskontinuität, so wirkt sich diese Parallelität auch zu Ungunsten des Geistes aus. Wie Nietzsche in der Zeit bloßes Werden ohne Dauer und Kausalität sieht, so betrachtet er auch das Bewußtwerden als einen reinen Schlußakt, der nichts verursacht, der sich sogar in der Vorstellung des Nacheinander als eine Täuschung erweist, da alles Nacheinander in Wahrheit «vollkommen atomistisch» sei[30]. Die Welt, die Nietzsche als reines Werden versteht und der er alles Sein, alles Bestimmte abspricht, macht von diesem Wesen des Werdens her jedes Erkennen unmöglich, da Erkennen nur auf Sein, also auf Statisches bezogen sein könne, dieses aber nicht existiert. Er folgert: «Erkennen und Werden schließen sich aus.»[31] So bleibt von diesen Reflexionen über Bewußtsein und Geist nichts anderes, als im Bewußtsein «ein Mittel der Mittelbarkeit» zu sehen, und in allem Geist «nur ein Mittel und Werkzeug im Dienste des höheren Lebens, der Erhöhung des Lebens»[32].

Es bleibt schließlich, in diesem am Menschen entwickelten Zeitverständnis Nietzsches nach dem vitalen und dem geistigen Faktor noch die existenzielle Seite zu betrachten. Soweit man diesen Prozeß der Zeit im Menschen passiv und beobachtend erfaßt, führt er zunächst nur zur völligen Auflösung der alten, humanistisch-individualistischen Vorstellung vom Menschen, denn der Mensch, als reines Werden betrachtet, ist ein unfaßbares Wesen geworden. Die Feststellung von der ständigen Veränderung im Menschen und der wesenhaften Flüchtigkeit des Subjekts führt Nietzsche zu der «Hypothese, das Subjekt sei eine Vielheit». «Die fortwährenden Übergänge erlauben nicht, von Individuum usw. zu reden, die Zahl der Wesen ist selber im Fluß».[33] In seinem totalen Werde-Denken versteht Nietzsche bei aller Goethe-Verehrung den Menschen nicht mehr als Spiegelung des Mikrokosmos im Makrokosmos. «Hat man begriffen, inwiefern ‹Individuum› ein Irrtum ist, sondern jedes Einzelwesen eben der ganze Prozeß in gerader Linie . . ., so hat das Einzelwesen eine ungeheuer große Bedeutung.»[34] Aber dieser passiv am Menschen zu beobachtende Vorgang ist doch nur Hintergrund und Voraussetzung für das, was der Mensch dann aus diesem an sich abrollenden Werden macht. Die Konsequenz Nietzsches daraus ist die Forderung an den Menschen, dieses Werden nun selbst in die Hand zu nehmen und gewissermaßen die Zeit als das Geschehende vorwegzunehmen, indem man die Welt dadurch verändert, daß man sich selbst ständig neu schafft und die Welt in diesem Werden in sich hereinnimmt. Während der Historiker die Zeit des Menschen als eine gespaltene betrachtet und den Wandel im Menschen sich aus seiner Begegnung mit der Welt und dem ständigen Zwang zu Wandlungen, Entwicklungen und Anpassungen erklärt, kennt Nietzsche nur die eine Zeit des Menschen, in der er sich aktiv die Welt erobert. Werden ist Willen zum Leben, der sich erkennen läßt als Wille zur Macht, und erst durch diesen Willen zur Macht wird in seiner Philosophie der Wille zum Selbst erkennbar. «Wo ich Lebendiges fand, da fand ich den Willen zur Macht; und noch im Willen des Dienenden fand ich den Willen, Herr zu sein», heißt es im Zarathustra.[35] Es scheint mir aber wichtig, in diesem Willen zur Macht nur das Kleid der Weltlichkeit des Menschen zu sehen, den Willen zur Macht nicht ethisch zu verstehen, sondern metaphysisch, religionsstiftend; denn der Wille zur Macht ist in erster Linie

Wille zum Selbst, zur Selbstüberwindung und der Wille zu einer Veredelung des Menschen.[36] Nietzsche sagt: «In gröbster Form gedacht: wie könnte man die Entwicklung der Menschheit opfern, um einer höheren Art, als der Mensch ist, zum Dasein zu verhelfen?»[37] In diesem Willen zum Selbst liegt folglich auch die Voraussetzung für die volle Autonomie des Menschen, der Wille zur Macht ist ein Symbol dafür, alle Kraft, alles Sein in der Zeit und im Jetzt aufgehen zu lassen, keine Reserven für ein Früher und Später übrig zu lassen, sondern sich ganz als Schaffender zu verwirklichen. Indem dieses Jetzt keinen Bezug mehr hat, wird es selbst zur Ewigkeit, also zur Aufhebung jeder zeitlichen Bedingtheit in einem historischen wie auch in einem jenseitigen Aspekt. Das Verhältnis des Menschen zur Welt wird darum für Nietzsche gerade nicht in dessen Spannung zwischen Zeit und Geist gesehen, sondern in der Spannung zwischen Zeit und Macht: in der Erfassung der Macht verwirklicht sich die Zeit. Der Übermensch, der sie verwirklicht, der sich selbst gehörende, für sich lebende, in der Welt unabhängige, autonome Mensch, ist das Ziel Nietzsches. Der christlichen Auffassung der Erstreckung der Zeit in die Ewigkeit, wie sie vielleicht am eindrucksvollsten in den letzten Worten eines der mächtigsten Herrscher der Weltgeschichte, Karls V.: «Ya es tiempo» – es ist an der Zeit – zur Geltung kommt, tritt Nietzsche mit der Auffassung entgegen, daß die Zeit selbst schon die Ewigkeit sei.

Nietzsche hat dies in die Formel der ewigen Wiederkehr, des Kreislaufes der Zeit gefaßt, wenn er Zarathustra lehren läßt: «Ich komme wieder, mit dieser Sonne, mit dieser Erde ... nicht zu einem neuen Leben oder besseren Leben oder ähnlichen Leben: – ich komme ewig wieder zu diesem gleichen und selbigen Leben»[38]. In der Lehre von der ewigen Wiederkehr kann man darum Kernstück und Gipfelpunkt von Nietzsches autonomistischem Denken sehen, weil der Mensch erst dadurch ganz im Werden aufgeht. Erst in der Wiederkehr wird das Werden als Akt mit der Form des menschlichen Daseins vereinigt unter Aufhebung alles dessen, was über den Menschen hinausgreifen will. Mit dem Symbol der Wiederkehr spricht Nietzsche seine Ablehnung alles Transzendenten aus, des Christentums, der Moral, der Idee vom Weltprozeß, jeder Teleologie und schließlich auch der Geschichte. Und ebenso ist diese Idee der Wiederkehr das Symbol für alles das, was Nietzsche erreichen wollte: die Befreiung des Menschen von allem Äußeren, die Hinwendung zu sich selbst, sein Streben zum Menschenmöglichen, die Erfüllung des Daseins mit dem Selbsterleben, der Ansporn, im eigenen Schaffen Zweck und Gewinn des Lebens zu ergreifen, die Macht auf Erden durch die Macht der Selbstüberwindung.

Wenn wir feststellen, daß diese Lehre Nietzsches in sich geschlossen ist und die Grundlagen und Formen eines Autonomismus setzt, der weiter geht als die Versuche der Vielen, die in der Geisteswelt des 19. Jahrhunderts nur zum Protest gekommen sind, können wir wohl mit Recht gerade in dieser Lehre von der Wiederkehr auch den neuralgischen Punkt des modernen anthropozentrischen Autonomismus vermuten. Denn es ist offensichtlich: der Ausgangspunkt von Nietzsches Auffassung des Werdens als Vitalprozeß mußte nicht auch schon zur Kreislauftheorie führen. Henri Bergson demonstriert dies deutlich, wenn er sagt: «Von hier aus gesehen (nämlich der Kontinuität der Fortpflanzungsenergie, d. Vf.) erscheint das Leben als ein Strom, der durch Mittlerschaft eines entwickelten Organismus von Keim auf Keim überfließt. Alles geht vor sich, als ob der Organismus selbst nur ein Auswuchs oder Schößling wäre, den der alte Keim im Ringen nach Fortsetzung durch neue Keime hervortreibt. Das Entscheidende ist die Kontinuität des ins Unendliche gehenden Fortschritts, eines unsichtbaren Fortschritts, darin jeder sichtbare Organismus die kurze Zeitspanne lang, die ihm zu leben gegönnt ist, mitwandert.»[39] Nietzsche und Bergson ist also gemeinsam, daß sie im Leben keinen geistigen Boden sehen, aber erst die anthropozentrische Tendenz führt bei Nietzsche zur Kreislauflehre, also zur Ausschaltung außermenschlicher Prozesse und Zeitbegriffe, erst durch die Schließung der Zeit im Kreislauf konnte im vitalistischen Sinn die Autonomie vollendet werden, wobei Nietzsche das Ungeheuere dieses Denkens wohlbewußt ist, da er sagt: «Denken wir diesen Gedanken in seiner furchtbarsten Form: das Dasein, so wie es ist, ohne Sinn und Ziel, aber unvermeidlich wiederkehrend, ohne ein Finale ins Nichts: ‹die ewige Wiederkehr.›»[40]

Nun wäre es wohl falsch, Nietzsches Lehre von der ewigen Wiederkehr im wissenschaftlichen Sinn auf die korrekten Möglichkeiten hin prüfen zu wollen. Man kann zwar genau gesehen sehr wohl einen harten Widerspruch entdecken zwischen der zyklischen Zeitstruktur, die dem Werdensvorgang den Vorrang gibt, und einer im Willen zur Macht natürlicherweise gelegenen Zielhaftigkeit, die den autonomistischen Grundzug von Nietzsches Denken zum Ausdruck bringt.[41] Man kann den Willen zur Macht auch als einen Willen zum Sein verstehen und damit diesen Willen zugleich als eine Negation des anthropozentrischen Willens zur Macht erfassen, damit schließlich den Willen zur Wiederkehr leugnen.[42] Oder man kann z. B. in der Wiederkehr des Gleichen nur Setzung und Gleichnis erkennen, also den Ring des schaffenden und wollenden Willens zu sich, da ja auch Nietzsche sagte, er wolle dem Werden den Charakter des Seins aufprägen und alles Vergangene erlösen durch die Erklärung: «So wollte ich es».[43] Danach wäre die Wiederkehr nicht etwas vom Willen Verschiedenes, sondern die immerwährende Rückkehr des Willens in die Zeit, die dann als Zeit überhaupt verstanden wird.[44] Die Interpretationsbeispiele zeigen, daß Interpretation zwar der Sache selbst dient, aber das Interesse an der Sache nicht eigentlich befriedigt, weil das Interesse letzten Endes ein Interesse am eigenen Bezug zur Sache ist. Der Weg zu Nietzsche führt darum nicht weiter, wenn man ihn more mathematico auf die Realität der Wiederkehr festlegen will, schon eher, wenn man ins Auge faßt, daß diese Wiederkehr von Nietzsche selbst einmal eine «Prophezeiung» genannt wird, deren Folgen sich erst einstellen, wenn «sie geglaubt wird»[45]. Die Quintessenz von Nietzsches Lehre ist also Hypothese und Wunsch; sie hat weniger den Wert, dem Menschen die Ereignishaftigkeit der Lehre nahezubringen, sondern in einem Symbol die Möglichkeit eines neuen Menschen zu zeigen. Der Wille zur totalen Innerweltlichkeit des Menschen, der Wille zur Wiederkehr ist das Entscheidende an Nietzsches Lehre.[46]

Das eigentliche Paradoxon von dieser Lehre der ewigen Wiederkehr liegt also darin, daß sich der Versuch, den Autonomismus des Menschen zu begründen, als ein metaphysisches Anliegen erweist, das sich aber zur Demonstration der physikalischen Scheinbarkeit bedient. Nietzsche hat in der Autonomie des Menschen die einzige mögliche Konsequenz aus der geistigen Situation des 19. Jahrhunderts erkannt, aber um sie zu erreichen bemüht er Prophetie, Glaube und Wunsch, und um die Hoffnungslosigkeit zu übertrumpfen, strapaziert er den Willen. Daß er dem menschgewordenen Gott des Christentums nur einen göttlich gewordenen Menschen mythischer Art entgegenstellt, darin liegt das eigentliche Dilemma dieses Autonomismus. Die Künstlichkeit und Gewalttätigkeit seiner Lehre zeigt sich auch darin, daß ihre Tendenz auf die Zukunft des Menschen gerichtet ist, ihre Essenz aber aus uralten antiken Quellen gespeist wird. Dabei untersuchen wir hier nicht, was die Antike für Nietzsche letztlich gewesen ist: Antrieb, Idol, Täuschung oder Bildungsanhängsel. Es dürfte aber gerechtfertigt sein zu sagen, daß sie ihm kein Anliegen war. Nietzsches Engagement für die Antike galt eigentlich der modernen Autonomie, aber gerade diese Kombination verdeckt einerseits seine tatsächliche Modernität, wie sie anderseits auch seine philosophisch-wissenschaftlichen Vorstellungen von einer theoretischen wie auch praktischen Erneuerung antiker Lebenswirklichkeit zwielichtig erscheinen läßt.

Gewiß begegnet die Auffassung von der Wiederkehr der Dinge, vom ewigen Werden und von der Seelenwanderung besonders in der vorsokratischen Literatur Griechenlands immer wieder, bei Philosophen, Dichtern und Geschichtsschreibern. Aber diese Wiederkehr ist dort nicht ein Werk des menschlichen Willens, sondern sie wird betrachtet als eine Gegebenheit der Natur und aufgenommen als ein menschliches Schicksal. Im Ajax des Sophokles resigniert der willensstarke Held gerade vor der stupenden Kraft dieses Kreislaufs: «Alles erzeugt die unermeßlich lange Zeit aus dunklem Schoß und birgt dort wieder, was erscheint. Nichts, das sich nicht ereignen könnte, gibt es, und der stärkste Eid zerbricht, der sprödste Eigensinn».[47] Nüchterner, aber im Sinn einer schmerzlichen Feststellung, finden wir auch bei den Geschichtsschreibern den Hinweis auf den verderblichen Kreislauf, «denn alles was entstanden ist, muß ja auch einmal niedergehen» heißt es bei Thukydides.[48] Bei Herodot findet man das Wort des Krösus: «Hast du aber erkannt, daß auch du ein Mensch bist und über solche herrschest, die auch Menschen sind, so erkenne vor allem auch, daß ein Kreislauf der menschlichen Dinge besteht, welcher in seinem Vollzuge nicht dieselben Menschen stets das Glück genießen läßt.»[49] Immer wieder ist klar, daß die Wiederkehr der Dinge den Menschen in der antiken Vorstellung an übermenschliche Gesetze bindet, ja geradezu die Form dieser Bindung darstellt. Damit kommt man zu einer zweiten wichtigen Verschiedenheit in der Kreislauflehre bei den Griechen und bei Nietzsche, denn in der Antike sind Werden, Bewegung und Kreislauf nicht ein physikalischer Vorgang, sondern geistiges Prinzip und die Wiederkehr folglich ein Werk der Götter, weil die Natur selbst nur Emanation des göttlichen Seins ist. Ist darum nach Heraklit auch «die Sonne neu an jedem Tag»[50] und «die Welt ... ein ewig lebendes Feuer, nach Maßen sich entzündend und nach Maßen verlöschend»[51], so ruht diese Wiederkehr doch in einem von den Göttern gesetzten geistigen Prinzip. Denn «die Sonne wird ihre Maße nicht überschreiten; wenn aber doch, dann werden die Erinnyen, der Dike Helferinnen, sie zu fassen wissen»[52]. Ähnlichkeit und Verschiedenheit werden noch deutlicher, wenn man die Lehren des Empedokles hier heranzieht, denn auch für ihn ist die Bewegung und der Kreislauf der Welt bedingt durch ein ewiges sich Mischen und wieder Trennen der Elemente. Aber die bewegenden Ursachen sind bei ihm geistiger, göttlicher oder mythischer Art, da er sagt: «Und dieser fortwährende Wechsel hört niemals auf: bald kommt alles durch die Liebe in eines zusammen, bald wieder scheiden sich alle Dinge voneinander durch den Haß des Streites.»[53] Gerade das Geistige fällt aber in Nietzsches Lehre von der Wiederkehr weg, da er sagt: «Wenn die Welt als bestimmte Größe von Kraft und als bestimmte Zahl von Kraftzentren gedacht werden darf – und jede andere Vorstellung bleibt unbestimmt und folglich unbrauchbar –, so folgt daraus, daß sie eine berechenbare Zahl von Kombinationen im großen Würfelspiel ihres Daseins durchzumachen hat. In einer unendlichen Zeit würde jede Kombination irgendwann einmal erreicht sein ... und da zwischen jeder Kombination und ihrer nächsten Wiederkehr alle überhaupt noch möglichen Kombinationen abgelaufen sein müßten, ... so wäre damit ein Kreislauf von absolut identischen Reihen bewiesen: die Welt als Kreislauf, der sich unendlich oft bereits wiederholt hat und der sein Spiel in infinitum spielt.»[54] Aus diesen dargelegten Verschiedenheiten zwischen der griechischen und der modernen Kreislauflehre ergibt sich auch die letzte Differenz, die zudem am stärksten den künstlichen Charakter von Nietzsches Vorstellungen zeigt, nämlich die Differenz im Bezug auf das menschliche Schicksal selbst. In der Antike bedeutet schließlich die Lehre von der ewigen Wiederkehr nichts anderes als den schmerzlichen Verzicht auf das Leben, den gefürchteten Tod, wie es die Geschichtsschreiber schildern und Pindar hundertfach beklagt: «Sterblichen einzig gebührt Sterbliches»[55]. Nietzsches Zarathustra hingegen ist ein Todesverächter, der Kreis des Lebens ergibt sich bei ihm gerade nicht aus dem Todesschicksal, dem Zufall und der Unterordnung unter die Götter, sondern eben aus dem menschlichen Willen, aus dem «Mut, der angreift, der schlägt noch den Tod tot, denn er spricht: ‹war das das Leben? Wohlan, noch einmal›.»[56] Während der Kreislauf der Dinge für die Griechen Spiegel einer kosmisch verstandenen ewigen Seinsordnung ist, der für den Menschen eine bittere Realität darstellt, ist die Wiederkehr bei Nietzsche gesehen als ein exakter Vorgang innerhalb der in der Welt angelegten Kräfte, dessen metaphysische Wirkung aber darin liegt, den als Kraftzentrum verstandenen Menschen aus allen Bindungen des Lebens herauszuheben und ihm die Fähigkeit zur totalen Autonomie zu verleihen. Die Griechen haben die Geschichte als einen unentrinnbaren Rahmen des Lebens entdeckt und als Schicksal verstanden, weil der aufstrebende, individuelle Mensch hineingebunden wird in eine Zeit, die sich ihm als ein übermenschlicher, schicksalhafter und natürlicher Kreislauf darstellt. Diese Vorstellung vom historischen Kreislauf entspringt zwar einem identifizierenden Denken, welches den Kreis des individuellen Lebens auf ein überindividuelles überträgt, aber es tut der Geschichte damit keine Gewalt an und läßt sie selbst nicht als Schicksal erscheinen, weil sie nicht als das Gesetz der Welt, sondern nur als Spiegelbild des göttlichen Waltens verstanden wird. Nach Herodot verbietet Themistokles den Griechen die Verfolgung der geschlagenen Perser, «denn nicht wir haben das vollbracht, sondern die Götter und die Heroen, welche es einem einzigen Mann nicht gegönnt haben, über Asien und Europa zu herrschen, zumal er gottlos war und frevelte, da er... sogar das Meer geißelte und Fesseln hinein warf»[57]. Nietzsche hingegen hat die Idee des Kreislaufs entmythisiert, sie ist für ihn nicht eine Form, die Stellung des Menschen im Kosmos zu erfassen, sondern gerade ein Mittel, um das menschliche Dasein als ein rein innerweltliches zu verstehen und alle außermenschlichen Bezüge irrelevant zu machen. Da sich für ihn der Kreislauf aus dem Abrollen natürlicher Vorgänge im Bereich der Vitalsphäre ergibt, vollzieht sich einerseits für alle Existenzen in gleicher Weise in dieser Wiederkehr des Gleichen jedesmal der totale Versuch, sich des Lebens zu bemächtigen, aber anderseits wird gerade dadurch jede Wirkung des Menschen außerhalb seiner Zeit bzw. seiner Existenz sinnlos und tatsächlich negiert. Die Geschichte wird aufgehoben, aus dem Weltverständnis des Menschen verbannt und ihr für den Menschen Charakteristik, Bedeutung und Entscheidung abgesprochen. Während so in der Antike die Vorstellung vom Kreislauf der Dinge auch ein Weg war, um das Historische im Mythischen aufzuheben und wiederzufinden, tut Nietzsche mit seiner existenziellen Kreislauflehre gleich zwei Schritte auf einmal: wie die Historie eliminiert er dadurch das Mythische aus dem historischen Daseinsverständnis, entgegen der Historie aber auch das Historische aus dem menschlichen Daseinsverständnis. Da der Kreislauf bei ihm nicht wie bei den Griechen als ein geistiger, als einer der Bedeutung und Gleichnishaftigkeit verstanden wird, sondern als einer der Kraftentfaltung, wird die Geschichte abgewertet zum reinen Zufall, zum Spiel, sie wird die bloße Widerspiegelung der Unschuld des Werdens.

Am Beispiel von Nietzsches Beziehung zur Antike wird klar, daß die Geschichtsfeindlichkeit bei ihm nicht nur ein Mißverständnis ist und nicht bloß ein Nebenprodukt. Denn weil Nietzsche nicht wie der antike Mensch nach der Stellung des Menschen in der Welt fragt, sondern als moderner Philosoph allein die im Menschen angelegte und mögliche Autonomie im Auge hat, darum ist auch die Ablehnung der Geschichte für ihn notwendig, weil sie ein Hindernis bedeutet. Die Verdammung der Historie liegt darum seinem ganzen Denken in profunder Weise zugrunde, sie ist die Voraussetzung dafür, daß der Mensch in seinem Willen zur Macht ganz in der Zeit aufgeht und daß diese als Macht sich demonstrierende menschliche Zeit auch die Autonomie zum Abschluß bringt.

Versuchen wir nun, diesen Autonomismus bei Nietzsche im ganzen zu überschauen, so zeigt schon der erste Blick, daß die menschliche Autonomie hier kompromißloser und totaler gedacht ist als in den von der Historie entwickelten Vorstellungen. Für die hier umrissene Autonomie gibt es keine übergeordneten Bedingungen, Konsequenzen, Werte, Ordnungen und Institutionen, sie kennt keine übergreifenden Mächte mehr, es sei denn, man betrachtet die in der Existenz angelegte Vitalität als solche. Gestützt auf die philosophische Darlegung vom Willen zum Leben und zur Macht, hat sich Nietzsche im modernen Widerstreit zwischen den rationalen Ordnungen und den vitalen Kräften rückhaltlos auf die Seite der letzteren gestellt und sie als das eigentliche perpetuum mobile angesehen. Indem der Mensch durch seinen Lebens- und Machtwillen diese Kräfte ganz in den Dienst seines eigenen Werdens stellt, löscht er das Werden und die Zeit überhaupt aus und läßt den Menschen selbst als das Symbol dieses Werdens erscheinen. In der totalen Verfügung über die Zeit, in der Umsetzung der zeitlichen Existenz in Macht und in der Legitimierung der Macht aus dem unbedingten Lebenswillen des Menschen liegen die neuen und positiven Akzente von Nietzsches Autonomismus.

Freilich kann man diese Form des modernen Autonomismus nicht als in sich geschlossen und überzeugend bezeichnen, und wenn oben vom historischen Autonomismus gesagt wurde, daß er eben nur den halben Menschen erfasse, so gilt dies nicht minder von Nietzsches Entwurf. Da

Nietzsche die Ausrichtung des Menschen auf das Leben nur als eine zeitliche, vitale und machtbildende betrachtet und nicht auch als eine geistige und auf den Geist abzielende, da er Zeit und Geist voneinander trennt und die geistige Wirkung beiseiteläßt, so fehlt seinem Autonomismus die Resonanz in der Welt. Da er in der menschlichen Handlung weder die Absicht noch die Wirkung der Beachtung für wert hält, so fehlt diesem als autonom verstandenen Handeln sowohl die soziale Relation wie auch die historische Kontinuität und schließlich die reale und werthafte Publizität. Der Autonomismus Nietzsches bleibt seiner ganzen anthropozentrischen Anlage entsprechend schließlich weltlos, und es war gerade diese Beziehungslosigkeit, die den zahlreichen großen und kleinen Nietzsche-Nachfolgern die Möglichkeit eröffnete, die existenzielle Autonomie in Nietzsches Gedanken zu verleugnen und sie einer absoluten Weltanschauung zunutze zu machen.

Diese Folgen können gewiß die Grenzen dieses ersten autonomistischen Systems andeuten, aber sie können doch seinen wirklichen Wert nicht in Frage stellen. Denn wer wollte leugnen, daß das, was Nietzsche hier formuliert, zu Ende gedacht und allen Generationen seither auf den Leib geschrieben hat, die existenzielle Lebenshaltung in der Moderne umreißt, die individuelle wie auch die historische Wirklichkeit des 19. und 20. Jahrhunderts zutiefst mitformt, die Schicksale, den Stil und die Entwicklung seit der französischen Revolution durchzieht? Nietzsche hat mit der von ihm dargelegten Exzession des Menschen zum Menschenmöglichen, die er Übermensch nennt, nichts Neues erfunden, sondern das schon Bestehende in der ihm eigenen Wahrhaftigkeit aufgedeckt. Er ist nicht der Schöpfer des modernen Autonomismus, aber er hat den Ruhm, der hellsichtige Entdecker, der erste Verkünder und der bedingungslose Bejaher dieses Lebenswillens und damit des modernen Autonomismus zu sein.

Nach alledem kann man nicht mehr von einem mißverstandenen oder einem deformierten Geschichtsdenken bei Nietzsche sprechen, sondern muß aus der Tatsache, daß er sich dem historischen Autonomismus widersetzte und daneben einen eigenen aufbaute, die Schlußfolgerung ziehen, daß es mehrere Formen des modernen Autonomismus gibt. Derjenige Nietzsches unterscheidet sich vom historischen in drei wesentlichen Punkten: erstens ist er bei Nietzsche dadurch geprägt, daß die Autonomie des Menschen unter Ausschluß aller übermenschlichen Fakten und Bezüge angesetzt wird und demzufolge als anthropozentrisch zu charakterisieren ist. Zweitens will Nietzsche diese Autonomie des Menschen dadurch sichern, daß er als den Bereich der menschlichen Selbstentfaltung und Selbstdemonstration allein die Zeit akzeptiert und damit die Autonomie selbst als einen beständigen und automatischen Expansionsprozeß versteht. Drittens schließlich erweist sich diese anthropozentrische und prozeßhafte Autonomie im Gegensatz zur historischen allein beherrscht durch die Kraft des Willens, die sich nach Nietzsche als das treibende Element dieser Autonomie erweist und diese Autonomie als eine individualistische, ja existenzielle definiert.

3. Das Verständnis des Geistes und die Geschichtsfeindlichkeit bei Valéry

Welten liegen zwischen Naumburg und Sète, den Geburtsorten von Friedrich Nietzsche und Paul Valéry, und in markanter Weise drückt sich dies aus in den Werken ihrer Söhne: in der Leidenschaft, der Willensstärke, dem Drang zur Synthese und dem totalen Anspruch des einen und der Kühle, der Rationalität, der Schärfe der Analyse und der Distanziertheit des andern. Hier soll es nicht darum gehen, beides zu vergleichen oder es miteinander in Beziehung zu setzen.[1] Es gibt zwar gewiß Verwandtes, wie es schon die Neigung der beiden Denker zur aphoristischen Form erkennen läßt, und damit also eine Ähnlichkeit in der Tendenz zur Erkenntnis durch Impression, zur sublimen Erfassung von Details und zur psychischen Differenziertheit, damit aber auch eine Ähnlichkeit in der Reserve gegen philosophische Systeme und nicht selten auch in der Unstimmigkeit der Äußerungen untereinander, deren stark persönlicher und augenblicksbedingter Färbung und schließlich in ihrer jeweiligen Offenheit gegenüber den Konsequenzen. Aber dieser beiden eigene Stil sagt nichts über eine geistige Verbindung, nichts über einen wirklichen Einfluß und über eine Gemeinsamkeit der geistigen Welt. Valéry hat zwar Nietzsches Schriften gekannt, da er mit dem Übersetzer befreundet war und schon deshalb mit zu den ersten Nietzsche-Lesern in Frankreich gehörte, aber alle seine Äußerungen zu Nietzsches Lehren sind gekennzeichnet durch die Herausstellung der persönlichen und der gedanklichen Differenz.[2]

Doch haben Nietzsche und Valéry, bei aller Verschiedenheit von Ausgangspunkt, Betrachtungsweise und Ergebnis, ihr Denken demselben Gegenstand gewidmet, nämlich der Autonomie des an Zeit und Geist preisgegebenen modernen Menschen. Jeder hat auf seine Weise die letzte Möglichkeit und die äußersten Positionen solcher Autonomie ausgeschritten und ist dadurch zu Selbstdemonstration und Selbstlegitimation dieser Autonomie gelangt. Dies ist es, was uns erlaubt, beide nach der Relevanz ihrer Autonomie-Vorstellung für das historische Denken zu fragen, zumal beide, wie schon gesagt wurde, gerade durch die vollständige Ausformung ihrer individualistischen Autonomieforderung sich dem geschichtlichen Denken entgegengestemmt haben und dieses als die letzte und vielleicht bedrängendste Beeinträchtigung der geistigen Freiheit des

Menschen empfanden. Die Gleichartigkeit, in der Nietzsche und Valéry den Menschen ganz auf die Zukunft ausrichten, ihn in seiner Gegenwärtigkeit bestärken und steigern wollen und alle Vergangenheit als Erkenntnismöglichkeit ablehnen, rechtfertigt es, sie beide auf ihre Stellung zur Geschichte zu befragen, nicht weil sich dadurch eine Beziehung zwischen beiden ergeben könnte, sondern weil dadurch die Geschichtswissenschaft als der Repräsentant eines anderen Autonomiegedankens schärfer erfaßt werden kann. Die Verschiedenheit aber, mit der Nietzsche unter den Auspizien einer individualisierten Zeit und Valéry unter dem Aspekt des introvertierten Geistes der Geschichtswissenschaft begegneten, zwingt uns nun, mit der Frage nach dem Wie und Wohin der Geschichtsfeindschaft bei Valéry neu anzusetzen.

Der Problematik wohl bewußt, die zwischen ihnen waltete, hat sich Valéry selbst als den Radikaleren bezeichnet, man könnte vielleicht auch sagen, als der Weiterführende und Humanere gefühlt. Er sagt diesbezüglich in seinen Cahiers einmal: «Mein primärer und fundamentaler Ausgangspunkt ist gewesen, alles zu betrachten als ein geistiges Phänomen ... Aber die Theorie N. führt dazu, alles als ein vitales Phänomen zu sehen ... Meine These ist anspruchsvoller, tendiert zu einer größeren Strenge».[3] Diese größere Radikalität ließe sich im Hinblick auf die Geschichtsfeindlichkeit etwa so charakterisieren: Nietzsche war geschichtsfeindlich, weil er die Geschichte aus dem Werden der vitalen Kräfte für ein selbstverständliches Faktum hielt, das einer besonderen Pflege, Lenkung oder Rechtfertigung nicht bedurfte; aber Valéry war geschichtsfeindlich, weil er die Auffassung hegte, daß es die Geschichte als solche garnicht gäbe und sie nur «geschwärztes Papier und dessen Wirkungen auf menschliche Gehirne» sei.[4] Diese Tatsache aber, daß die Geschichtsfeindlichkeit bei Valéry nie wie bei Nietzsche eine Voraussetzung seines dem Werden zugewandten Denkens ist, sondern eigentlich nur eine Konsequenz, eine bloße Deduktion seines Konzepts vom Leben im Bewußtsein, legt uns auch einen anderen Duktus der Darlegung auf, als er bei Nietzsche verfolgt wurde: wir müssen zuerst Valérys Vorstellung von der Geistigkeit des Menschen umreißen, um zu verstehen, wie sich in diesem autonomisten Bild die Ablehnung der Geschichte von selbst ergibt.

a) Die Autonomie aus dem Verständnis des Geistes

Versucht man das Porträt des Menschen als Geist zu entwerfen, wie es von Valéry gedacht war – was angesichts eines umfangreichen Werkes von ca. 3500 Druckseiten und 29 Bänden faksimiliert wiedergegebener Tagebuchaufzeichnungen immer problematisch bleiben muß und im ganzen wohl nur annähernd gelingen kann –, so ist davon auszugehen, daß der Geist bei Valéry – wie die Zeit bei Nietzsche – nicht nur innerweltlich, sondern überhaupt und ganz ausschließlich innermenschlich gesehen wird. Es gibt hier weder außerhalb des Menschen stehende geistige Welten noch Bezüge oder Traditionen, demgemäß auch keine Repräsentation des Geistigen durch Mythen, keine Vorstellung von geistigen Mächten wie Schicksal und schließlich keine Transposition rationaler, moralischer oder emotionaler Anlagen des Menschen in eine unendliche Potenz, wie sie die Religionen verkünden. Für Valéry beherrschen die übermenschlichen geistigen Mächte wie Götter, Schicksal, Zufall, Ideen nur ein Gebiet, das mit Beschlag zu belegen die Kräfte des menschlichen Geistes nicht oder noch nicht groß genug sind.[5] Für ihn ist die Feststellung vom Mangel des menschlichen Geistes kein Anlaß zur Heranziehung übermenschlicher Geisteskräfte oder zur Bemühung nichtrationaler Kräfte wie Gefühl, Wille, Magie, sondern nur die Voraussetzung für eine realistische Beurteilung der menschlichen Situation. In diesen Kontext gehört auch die Geschichte, denn «die Vergangenheit ist auch nur ein Glaube. Glauben heißt, sich des Gebrauchs unserer Geisteskräfte enthalten, denen es widerstrebt, alle nur denkmöglichen Hypothesen über die abwesenden Dinge aufzustellen und jeder die gleiche Kraft der Wahrheit zu verleihen.»[6] Schon das erste Menschenporträt, das Valéry zeichnete und das eigentlich ein Selbstporträt war, nämlich «Herr Teste», präsentiert uns den Menschen als ein geistiges Kraftwerk, ein «Wesen, dessen Geist alles Bestehende für sich allein umformte und alles bewältigte, was man ihm vorlegte», einen der «die Marionette getötet» hat und der «keine Meinungen» hatte, einen Menschen schließlich, dessen kurzes und starkes Leben sich verströmte «in der Überwachung des Mechanismus, durch den die Verhältnisse zwischen dem Bekannten und dem Unbekannten eingesetzt und geregelt werden» und dessen übersinnliche Kräfte die «Eigenheiten eines isolierten Systems erdichten, in dem das Unendliche nicht vorkommt». Der spätere Valéry, der dann zurückhaltender geworden war in der Hoffnung, dieses Ziel zu erreichen, ist doch dem Streben des Teste treugeblieben, da er in seinen Briefen schreibt, sein Geist habe «eine unbesiegliche Neigung, seine Grenzen zu suchen» und seinem Denken gerade dadurch «das mir mögliche Höchstmaß an Freiheit zu geben, an Verbindung und Trennung ...»[7] Mit alledem hat Valéry im Bereich des Individualismus den modernen Rationalismus weitergeführt, immer ein getreuer Schüler von Descartes, an dem ihn das Streben nach dem «Bewußtsein seiner Selbst» am tiefsten angesprochen hat. Von ihm sagt Valéry er habe «ein so genaues und so sehr dem Willen unterworfenes Bewußtsein, daß er aus seinem Ich ein Instrument macht, dessen Unfehlbarkeit nur vom Grad dieses Bewußtseins abhängig ist»[8]. Wenn freilich Descartes in diesem Bewußtsein bzw. in der Fähigkeit zu zweifeln, nach der Ursache der menschlichen Unzulänglichkeit sucht und diese Ursache darin findet, daß es «notwendig noch ein anderes vollkommeneres Wesen geben müsse, von dem ich abhänge»[9], also aus dem Selbstbewußtsein gerade religiöse Konsequenzen zieht, so hat Valéry die Mangelstruktur des Menschen anders beurteilt und daher irgendwelche übermenschliche Konsequenzen abgelehnt. Zwar gibt es die Mängel, aber sie bedürfen keiner Ergänzung oder erhalten eine solche jedenfalls nicht, weshalb für eine zutreffende Beurteilung der Weltverhältnisse die Einsicht in die Struktur dieser Mängel genügt. Das sich seiner bewußte Ich ist deshalb für Valéry nicht nur der Anfang eines allgemeinen Weltverständnisses, sondern auch bereits dessen Summe und Abschluß. Gerade in dem Verzicht, über den Menschen hinauszugreifen und das Individuum im Sinne einer Selbsttranszendierung in ein Absolutes hinein, das Gott, Schicksal, Idee, Geschichte heißen kann, zu charakterisieren, hat Valéry die Individualität in ihrer Konkretheit zur letzten Verselbständigung geführt, gleichzeitig aber die Ideologie des Individualismus, die dem deutschen Neuhumanismus zugrundelag, aufgehoben. Sein Bestreben, keine andere Transzendenz des Menschen mehr zuzulassen, als die seines eigenen Geistes, ist darum der entschiedenste Versuch einer Selbstkonstituierung des Menschen, die radikalste Form des modernen Autonomismus.

Fragt man zunächst nach Entstehung, Bedeutung und Tätigkeit des Geistes, so ist davon auszugehen, daß sich für Valéry der Mensch nicht aus seinen Bestandteilen erklärt und folglich auch nicht aus einer irgendwie gearteten Geschöpflichkeit, sondern aus seinen Relationen, freilich nicht aus seinen Relationen zur Umwelt, sondern aus denjenigen, die sich innerhalb seiner selbst ergeben. Der Geist ist daher für ihn nichts Selbständiges, sondern er ist nur ein Vermögen, und seine Funktion ist es, wahrzunehmen, zu verwerten und vor allem zu vermitteln. «Alles setzt sich zusammen, verbindet sich, tauscht sich aus, gleicht sich aus, verwirrt und entwirrt sich, und das ist der Geist.»[10] Indem man aber an die Stelle des Wortes Vernunft stets den Begriff Vermittlung setzt «ist es aus mit der Göttin»[11], der Geist ist abhängig, nicht Schöpfer von Neuem, sondern Transformator von Bestehendem, und zwar von Körperlichem und von Zeitlichem bzw. Augenblicklichem. Dieser Bedingtheit nach nennt ihn Valéry eine Art Ausscheidung, vergleichbar der einer Spinne, die ihrer Natur gemäß einen Faden aus sich entläßt, sich an ihrem Netz aufhängt und darin Fliegen fängt.[12] Man sieht, der Geist ist hier seiner Bewegung nach ein System des Kreislaufs, seiner Funktion nach ein Instrument mit der Automatik eines Weckers und seiner Wirkung nach die potentielle Selbstschöpfung des Menschen. Aber allen diesen Qualitäten wohnen auch schwerwiegende Konsequenzen inne, nämlich die Isolation des Menschen von der Welt, die Negation jeder äußeren Demonstration und die Leugnung aller äußeren Einwirkung. In revolutionärer Weise wurden mit diesen Vorstellungen vom Geist die jahrtausendealten Operationen beiseitegeschoben, die den Geist durch die Ausmittelung des Punktes zu erfassen suchte, an dem er in Kontakt mit einem allgemeinen, außermenschlichen Geistigen trat. Damit aber wurde der Versuch zu einer Autonomie des Menschen unternommen, die sich nicht im Sinne Nietzsches im Willen zu sich konstituieren, sondern aus der bewußten Beschränkung auf sich ergeben sollte.

Auch bei Valéry ist die Antike Pate gestanden, aber sie wurde nicht nur in ihren Begriffen und Bildern adaptiert, sondern es sind wirklich ihre spätkulturellen Systeme, die nun wieder aufgegriffen wurden und aus der Mitte der existenziellen Erfahrung neues Leben erhalten haben, wie seine Vorstellungen über das Auftauchen der geistigen Bezüge zeigen. Indem der Körper berührt, dies sinnlich empfindet und durch das Mittel des Geistes diese Berührung umsetzt in eine Bewußtmachung seiner selbst als Kraft, Bewegung, Vermögen, erreicht er die letzten Bezüge seiner Existenz, wie er vom Schwimmen sagt: «Ich glaube mich wiederzufinden und wiederzuerkennen, wenn ich erneut in dieses allumfassende Wasser tauche ... aber sich stürzen in die Masse und Bewegung; noch mit den äußersten Gliedern spielen vom Nacken bis zur Zehe; sich drehen und wenden in dieser reinen und tiefen Substanz ... dieses Spiel gleicht für mich der Liebe, die Tätigkeit, bei der mein Körper sich ganz in Zeichen und Kräfte verwandelt ... Hier bietet sich der ganze Körper dar, holt sich zurück, begreift sich, gibt sich aus und will seine Möglichkeiten erschöpfen. Sie rührt er auf ... sie liebt er in seiner freien Beweglichkeit, ... mit ihr erzeugt er tausend seltsame Gedanken. Durch sie bin ich der Mann, der ich sein will. Mein Körper wird das unmittelbare Werkzeug des Geistes und dabei der Urheber aller seiner Gedanken ... Übermaß an Wirklichem, die Liebkosungen sind Erkenntnis.»[13] Umgekehrt aber wird das Denken zum bloßen Traum und würde überhaupt schließlich verschwinden, wenn der Denkende die Empfindung der bizarren Haltung im Lehnstuhl, der verflochtenen Beine, einer steifen und den Kopf stützenden und einer herabhängenden Hand verlöre, «halb Idee, halb Masse»[14]. In der Empfindung, Bewußtmachung und schließlich in der Selbstvergegenwärtigung einer Berührung durch Handauflegen läßt Valéry in seiner letzten Dichtung «Mon Faust» seinen Faust den höchsten Augenblick seines Lebens erfassen, und eben an dieser Stelle wird der Satz des Lukrez zitiert: «Berühren und Berührtwerden kommt allein den Körpern zu.»[15]

Dennoch wäre es nicht richtig, Sensualismus oder gar Materialismus als die alleinige und entscheidende Quelle seiner Selbsterfahrung und Selbsterfassung zu bezeichnen. Das gerade für die Frage nach der Geschichtsfeindlichkeit bei Valéry Wichtige an seiner Auffassung von Verstehen und Erkennen ist vielmehr dies, daß die Erkenntnis zwar an die Materie gebunden wird, aber im engsten Zusammenhang mit der dieser Materie selbst innewohnenden Zeitlichkeit, Rhythmik oder Zufälligkeit. Dem Sensualismus wird bei Valéry ein Aktualismus hinzugefügt, so daß damit die Gefahr eines neuen philosophischen Systems, gegen das Valéry sich allezeit gewandt hat, beseitigt wird, freilich auch ein Aktualismus, der dem Geist endgültig die Qualität der Dauer und des Selbstseins und dem Menschen die Möglichkeit der Selbstidentifizierung nimmt. Dies bedeutet nicht nur, «daß jeder Geist durch die banalsten Erfahrungen geformt wird», daß Intelligenz das Glück ist, «im Spiel der Assoziationen und zu gelegener Zeit auftauchende Erinnerungen [zu] haben»[16]; es führt auch zur Auffassung von der ausschließlichen Gegenwärtigkeit des Geistes. «In jedem Augenblick decke ich mich mit dem, was ich wahrzunehmen geneigt bin. Wir sind, ... zu jeder gegebenen Stunde unseres Lebens ein virtuelles System von Anziehungen und Abstoßungen, ebenso wie von Machtvorgefühlen und Widerständen. Aber diese Verteilung wird verändert durch die Zeit.»[17] Denn «der Geist bereitet dem Organismus Überraschungen, der Organismus dem Geist»[18]. Aber eben deshalb wird Valéry schließlich sagen: «Mein Zufall ist mehr als ich. Eine Person ist nichts als Antworten auf eine Anzahl unpersönlicher Zwischenfälle.»[19] Ist Valéry in seinem Sensualismus darum ein Erbe der mittelmeerisch-antiken Spätkultur, so erweist er sich in seinem Aktualismus als ein moderner Mensch, jenseits von aller Tradition, und gerade durch diese totale Aktualisierung der menschlichen Existenz nimmt er auch der Geschichte ihre Lebensberechtigung. Sein Erkennen ist absolut, aber es ist beschränkt auf die Existenz des moi-même und auf den Augenblick. Zur Wahrhaftigkeit aus der unvoreingenommenen Beobachtung gesellt sich die souveräne Gegenwärtigkeit, die nur fragt, «wessen ich morgen bedürfen werde»[20], und aus beidem bildet sich für Valéry die Gewißheit der existenziellen Wahrheit. Nach aller Metaphysik und den großen Systemen der Philosophie, deren Bemühungen um Dreieinigkeit, Sein und Wesen er im Sinne eines Trainings akzeptiert, deren Ergebnisse er aber mit dem Auftauchen der Probleme um das Fallgesetz und die Gewalt des Feuers für überflüssig hält, gibt es nur noch einen Weg zur Wahrheit: «Die einzige wirkliche Wahrheit ist die momentane Wahrheit, welche die Umstände des Augenblicks der Vielfalt dessen auferlegen, was man einen ‹Menschen› nennt.»[21]

Mit alledem sieht man Valéry in greifbarer Nähe bei Nietzsche, dem der Leib auch «ein erstaunlicherer Gedanke als die alte ‹Seele›» ist, der bessere Leitfaden des Geistes, die bessere Vorstellung der Subjekt-Einheit.[22] Und doch welch ein Unterschied, wenn man bedenkt, daß die Tätigkeit des Geistes für Nietzsche ein Gleichmachen und Einverleiben von Materie in Materie ist, «dasselbe, was die Einverleibung der angeeigneten Materie in die Amöbe»[23], während Valéry in dieser geistigen Tätigkeit im wesentlichen eine Umwandlung von Unbewußtem in Erkanntes sieht. Setzen wir nämlich mit Valéry voraus, daß auch für ihn der Geist ein rein menschliches, ein existenzielles Produkt ist, entstanden aus dem Erfassen des Augenblicks, befaßt mit der Umsetzung von Empfundenem in ein Wissen des Befindens und in seinem Wesen eigentlich ein «Transformationsvermögen», dessen Politik die Ausbildung unserer Reflexe und die Entwicklung und Kontrolle unserer Handlungen ist,[24] so hat der Geist bei ihm im Gegensatz zu Nietzsche doch eine wirkliche und eigene Funktion. Das Ergebnis der geistigen Transformation ist für den Menschen die Gewinnung eines bestimmten, ja des höchsten erreichbaren Zustandes, nämlich eines Zustandes der Selbsterfassung, des Bewußtseins. Denn «ein wahrhaft präziser Geist kann nur sich selbst begreifen, und nur in gewissen Zuständen»[25]. Valéry versteht darunter freilich nicht ein Sich-seines-Wertes-bewußt-sein und auch nicht individuelle Selbsterkenntnis, sondern er meint damit eher Selbstbeobachtung und Selbstkontrolle, bis das beobachtete Ich einem selbst fremd wird. «Je bewußter ein Bewußtsein ist, desto mehr scheinen ihm seine Person, seine Meinungen, seine Taten, seine Eigenheiten und seine Gefühle befremdlich, – fremd. So neigt es dazu, über seinen eigensten und persönlichsten Besitz als über etwas Äußeres und Zufälliges zu verfügen.»[26] Valéry selbst hat sein ganzes Leben gewissermaßen unter diese Maxime gestellt. Als gerade Zwanzigjähriger seinen «Monsieur Teste» schreibend, versuchte er, sich auf sein «wirklich Eigenstes einzuschränken. Ich traute meinen Mitteln wenig und ich fand in mir ohne jede Mühe alles, wessen es bedurfte, um mich zu hassen; aber ich war stark durch den grenzenlosen Wunsch nach Sauberkeit, durch meine Verachtung der Überzeugungen und Götzen, durch meinen Abscheu vor der Leichtigkeit und durch das Gefühl für meine Grenzen.»[27] Und am Ende seines Lebens, 1943, schreibt er in einem Brief: «Ich habe mich niemals auf etwas anderes berufen als auf mein reines Ich, worunter ich das absolute Bewußtsein verstehe, welches das einzige und immer gleiche Mittel ist, sich automatisch vom Ganzen zu lösen ...»[28] Zu diesem Bewußtsein seiner selbst geworden, trachtet dieser Geist nicht nach außen, schafft nicht Äußeres, erfindet nicht Anderes, denkt nicht an Systeme, denn «wer denkt – beobachtet sich in dem, was er nicht ist»[29]. Der Geist, für sich allein, «ist schrecklich variabel, trügerisch und sich selbst betrügend, fruchtbar an unlösbaren Problemen und illusorischen Lösungen»[30]. Erst wenn er Bewußtsein wird, durch die Tätigkeit der Kritik, der Selbstentfremdung, des Selbst-Widerspruchs und der Sich-selbst-Neuschaffung, oder, wie er in der «Politik des Geistes» treffend sagt, wenn er «zum Geist des Geistes» wird[31], hat der Geist sein Werk getan, sein Ziel erreicht. Hingegen kommt «den Meinungen von Leuten, die ihren Geist nicht nach ihren wirklichen Bedürfnissen und ihren feststellbaren Fähigkeiten umgeschaffen haben, ... keinerlei qualitative Bedeutung zu»[32].

Man versteht, daß Valéry bei solchen Voraussetzungen keine Romane schreiben wollte und gegen die dem Roman zugrundeliegende Verschleierung der eigenen und Vortäuschung einer anderen Welt durch den Romancier bis hin zu Proust starke Vorbehalte hatte.[33] Er erkannte, daß alle Literatur schließlich Autobiographie ist und hütete sich vor solcher Unwahrhaftigkeit dadurch, daß er seine Autobiographie bewußt faßte und sie steigerte zum Autograph des Geistes überhaupt. Natürlich liegt gerade in dieser sublimsten Form der Verschränkung von Dichtung und Wahrheit das Problem seines ganzen Werkes. Aber wenn man in diesem Werk nur Anthropomorphinismus sehen wollte – trotz Valérys Bekenntnis dazu[34] – und die Spiegelung des Menschen im Geist nur als Narzismus verurteilen möchte, dann bräuchten wir uns hier nicht mit ihm als dem Prototyp des modernen Autonomisten auseinanderzusetzen. Wie Nietzsche geht es ihm in der Sache darum, dem Menschen die ganze Lebensunmittelbarkeit aufzuschließen, aber anders als Nietzsche ist ihm dazu das Bewußtsein der entscheidende Weg, da er sagt: «Es geht darum, ein Wesen sich vorzustellen, das immer so wäre, wie der wirkliche Mensch nur Augenblicke lang ist.»[35] In diesem Sinne könnte man es als eine Klage bezeichnen, wenn Valéry feststellt: «Denken? Denken! Das heißt den Faden verlieren.»[36]Das Schicksal dieses Geistes ist vielleicht am umfassendsten formuliert in dem aus dem Jahre 1910 stammenden Cahier B, wo es heißt: «Mit äußerster Präzision und vollkommener Kenntnis des Tatbestandes, am bestimmtesten Punkt zwischen den genau fixierten Punkten, an der Grenze der noch bewohnbaren Denkklarheit, fühlen und aussprechen: Ich weiß nicht – Ignoro; und diesen Augenblick als den wirklich schwierigsten, vollkommensten erkennen, als das eigentliche Ziel, wohin der Menschengeist nur mit allen Kräften streben kann und von wo er mit aller Wut zurückgestoßen wird ...»[37] Das Résumé Valérys ist darum, daß dieses Bewußtsein in der Erkenntnis des Eingesperrtseins sich schließlich selbst absperrt und sich vergleichsweise empfindet als der innerste Kern der Dinge, als «das, was im Innersten des Kerns geschieht», nur vorstellbar «durch unser eigenes Funkeln oder inneres Ständig-im-Fluß-sein, das zur Welt keine Beziehung hat ...», wie er höchst bezeichnenderweise an Henri Bergson schreibt, den Verfechter der unaufhörlichen Bewegung der Welt.[38] Aber die Konsequenz, die Valéry aus dieser Weltlosigkeit, der Selbsteinsperrung des Menschen ins Ich zieht, ist die Forderung an den Menschen: «Nur eine Sache ist zu tun: sich neu schaffen.»[39] Mit der ganzen ihm eigenen Nüchternheit richtet er sein Interesse auf sich allein. «Weder das Neue noch das Geniale verlocken mich – sondern die Herrschaft über sich selbst»[40], so wie sie schon sein Teste ausübte, der auch noch «der Herr über seine Gedanken war». Die Frage nach dem Menschen ist die Frage nach seiner Möglichkeit. «Wer bist Du? Ich bin der, der ich sein kann.»[41]

Mit Valérys Auffassung vom Geist – nicht als einer außer dem Menschen stehenden Kraft, als Gott, als der hinter dem Weltgeschehen verborgenen Macht, nicht als Goethes Geistseele «ein Wesen ... ganz unzerstörbarer Natur ... ein fortwirkendes von Ewigkeit zu Ewigkeit»[42], nicht als Summe der geistigen Arbeit, die man sich als Bildung teilweise aneignet, nicht als der reine Intellekt und schließlich auch nicht als jenes Air, das sich im Hinausgreifen des Menschen über sich ergibt, Anteilnahme zu einem über der Existenz stehenden Sein ist und dadurch Zeuge, Manifestation und gewissermaßen selbst Form dieses Geistes wird –, sondern Geist einerseits als bloßes Produkt des Menschen, wenn auch nur in den 10 Minuten einer Stunde, in denen er bewußt alles überschaut,[43] anderseits aber Geist als das, das «sich ereignet», das Zufall ist, Transformation, Schwelle zur Einsicht, der Augenblick in dem der Mensch funktioniert, jenes Zwischending zwischen Sein und Haben, schlechthin das Bewußtsein seiner selbst in der Gesamtheit dessen, was ein Augenblick für den Menschen in seinem Weltdasein ist:[44] mit dieser Auffassung hat Valéry eigentlich auch schon alles umschrieben, was für ihn die Zeit ist. Obgleich es in seinem Werk kaum Äußerungen gibt, die nicht in Beziehung zur Zeit zu setzen wären, hat er über diese selbst nicht nachgedacht. Sie war kein Objekt, kein Faktum und keine Realität für sich und außerhalb des Menschen. So ist die Zeit für ihn weder Meßbares, weil ihre Teile einander völlig ungleich sind, noch ist sie Dauer, sondern eigentlich ist sie ihm Gelegenheit. In einem Brief, in dem es wieder über Bergson geht, steht der bezeichnende Satz: «Ich glaube auch niemals das Wort ‹Werden› ausgesprochen zu haben, und jeder Infinitismus ist mir fremd.»[45] Im Geist gibt es keine Dauer und keine Beständigkeit, weil ja gerade Wandel und Augenblicklichkeit seine eigentlichen Wesenszüge sind. Alles geht durch ihn hindurch, und er ist nicht zum Stehen zu bringen. «Eine Idee ist ein Mittel zu oder ein Zeichen von ... Verwandlung.»[46] Konstant ist also nur der Wandel, d. h. die Gegenwart oder unser Ich in seiner Gegenwärtigkeit. Auch in ihren Relikten ist die Zeit nicht konstant, sondern eben nur in der Wirklichkeit. Diese Auffassung wird in höchst charakteristischer Weise dadurch illustriert, daß Valéry, selbst hochmusikalisch, durch Musik gelangweilt wurde, und zwar je stärker sie auf ihn wirkte. Was ihn daran langweilte, war aber die Konstanz der außer ihm wirkenden und lebenden Zeit, der Zwang sich in sie zu versetzen, ihren Gedanken zu verfolgen und sie Herr über sich sein zu lassen. «Denn sie hemmt nun, was sie eben in mir erzeugt hat, Gedanken, Einsichten, Formen, Prämissen. Selten ist die Musik ..., die nicht verdirbt und durchkreuzt, was sie geschaffen, sondern nährt, was sie eben in mir zur Welt gebracht hat. Ich schließe daraus, daß in dieser Kunst der wahre Kenner notwendig der ist, in dem sie nichts hervorruft.»[47] Nicht der Geist ist konstant, denn «Denken, das heißt den Faden verlieren»[48], sondern die Realisierung des Geistes im Menschen in jedem neuen Augenblick ist das, was man Dauer nennen könnte. Von sich selbst bekennt er: «Meine einzige ‹Konstante›, mein einziger ständiger Instinkt war ohne Zweifel, mir immer klarer mein ‹geistiges Kraftwerk› zu vergegenwärtigen.»[49] So gibt es für Valéry keinen Zwang, der aus der Zeit käme, da aller Zwang nur aus dem Menschen, seiner geistigen Aktivität und Bewußtheit entspringt. Die Zeit ist realisierter Geist, und sie ist folglich allein existent im Bezug auf den individuellen Träger dieses Geistes. Das führt Valéry schließlich zu der Äußerung: «Der Mensch schafft die Zeit (créant le temps) durch ein Anwachsen und eine imaginäre Verallgemeinerung des Augenblicks, lebt aber nicht nur (wie das Tier) im Augenblick allein.»[50]

Erst hier, wo die Zeit nicht mehr dem Geist gegenübersteht, sondern im Zusammenhang mit dem Geist greifbar wird und eigentlich nur der Augenblick und das Werk des Menschen und seines jeweiligen Bewußtseins ist, ist auch der Mensch ganz der Herr seiner selbst und jeder Bezug zu außermenschlich gesetzten oder gedachten Potenzen hört auf. Anders als für den Existenzialismus ist die Zeit für Valéry nicht der Akt, sondern nur die Bedingung des Bewußtseins, sie symbolisiert nicht das Aufgehen der Person im Sein, sondern ist die Realisation des Menschen, andernfalls aber ist sie nichts. Im Gegensatz zum Existenzialismus hat Valéry darum mit dieser Zeitauffassung auch die letzte Projektionsmöglichkeit von menschlichem Trachten und Wirken in ein Außer- oder Übermenschliches ausgelöscht. Weil sich die Einmaligkeit der menschlichen Geisteshandlung nur durch Bewußtsein und im Bewußtsein vollzieht, nicht aber primär in einem Werk, einer Äußerung, darum läßt Valéry die Unterscheidung zwischen Zeit und Geist fallen. Das Zusammentreffen von Zeit und Geist im individuellen Bewußtseinsakt kann daher auch niemals nacherlebt, nacherzählt, nachgeahmt, wiederholt oder übertragen werden, es kann nicht Beispiel werden, und seine Wirkungen sind vom Akt des Zusammenfallens selbst unabhängig. Indem in Valérys Vorstellung die Zeit in den Geist aufgeht, hat sie nur den Wert eines Blitzlichts, mit dem der Mensch sich selber beleuchtet; indem der Geist die Verwandlung des leiblich Begegnenden ist, tritt an die Stelle des fortwährenden Wechselbezuges von Zeit und Geist die sich ständig erneuernde Konzentration des Daseins in der zeitlich bewußt gewordenen Verbindung von Geist und Leib.

Hier, wo Valéry den Höhepunkt seiner Menschenbetrachtung erreicht hat und die Individualität, als das im Wort ausgesprochene Unteilbare, erkannt hat, gilt es jedoch innezuhalten und die Konsequenzen zu überdenken daraus, daß bei ihm der Geist als Bewußtsein auf das Innere des Menschen ausgerichtet ist und nicht als Verstand nach außen orientiert Geistiges erfaßt. Denn dieses Bewußtsein gilt ihm mehr als die Idee des Menschen, und es sagt ihm, daß der Mensch nicht ein Beständiger ist, daß Prinzipien nicht gelten, daß der Vorsatz, dies oder jenes nicht zu essen, wandelbar ist, daß man im Zustand der Erregtheit sich selber nicht mehr erkennt, daß der Mensch das Zeug dazu hat, ein Anderer zu sein, Kaltblütigkeit zu simulieren.[51] Die Vergegenwärtigung und Intensivierung des Lebens, die sich durch die Bewußtheit ergibt, ist nicht eine Steigerung des Ich, sondern die ständige Prüfung, ja Spaltung, denn «Ich ... das heißt das dauerndste, das gehorsamste Du, das erste, das erwacht und das letzte, das sich zur Ruhe legt»[52]. Im Hinblick auf das Innere des Menschen gesehen bewirkt diese Möglichkeit der «entgegenstellbaren Seele» die eigentliche Unterscheidung zum Affen,[53] und mehr noch, sie macht erst die Herrschaft des Menschen über sich möglich. Von sich selber sagt Valéry: «Ich akzeptiere mich. Ich akzeptiere es, nur Ich zu sein, ohne Retuschen. Aber mit der Empfindung, nur ein Sonderfall meiner selbst gewesen zu sein, und mit dem Stolz, mich zu einem Sonderfall gemacht zu haben, denn ich bin Reaktion auf das, was ich bin.»[54] Aber bezüglich des Daseins in der Welt bewirkt die Tatsache, daß der Geist sich als Bewußtheit auswirkt, die Einsicht, daß das Ich ein Aberglaube ist, «der sich bis auf den Hut, den Spazierstock, auf die Frau eines Menschen erstreckt»[55], eben weil hier eine Dauer und Wesenheit vorausgesetzt wird in Bereichen, die nur in der Form der Gegenwärtigkeit existieren. So kann Valéry sagen, «Das ‹Individuum› ist ein Irrtum über die Lebensbedingungen» und schließlich gar spotten: «Man selbst sein! ... Aber man selbst – ist das der Mühe wert?»[56]

In doppelter Weise kann man in dieser Vorstellung von der absoluten Gegenwärtigkeit und Bewußtheit des Menschen auch bereits eine Ursache für die Geschichtsfeindlichkeit Valérys erkennen. Denn die Ansicht von der inneren Gespaltenheit des Menschen kraft des Bewußtseins hat ihn vor der historistischen Konsequenz bewahrt, daß aus der Einheit des Menschen die geschichtliche Tat und die Geschichte überhaupt herauswachse; aber die totale Trennung des Menschen von seiner Umwelt hat Valéry doch auch gehemmt, einzusehen und genügend zu beachten, daß es für den Menschen äußere Bedingungen, eine Welt, ein Gegenüber gibt, das ihm Entscheidungen abnötigt, für die schließlich allein seine Person zuständig ist. Valéry ist der moderne Individualist par excellence, aber sein Individualismus zeigt Wesenszüge, die in ihm nicht eine Fortsetzung oder gar eine Vertiefung des neuhumanistischen Persönlichkeitsideals erkennen lassen. Folglich sind seinem Individualismus auch die von Friedrich Meinecke aufgezeigten Konsequenzen des deutschen neuhumanistischen Individualismus fremd geblieben. Immerhin erhält sein Individualismus erst dann Kontur, Eigenständigkeit und Charakteristik, wenn man kurz auf sein Verhältnis zu Goethe eingeht. Denn Valéry wurde eigentlich zeit seines Lebens vom Bild und Vorbild Goethes begleitet. Schon der 16-Jährige setzt einem seiner frühen Gedichte einen Spruch aus Goethes Faust II zum Motto,[57] und noch fünf Jahre vor seinem Tod hat er dann der Welt einen Faust III geschenkt, «Mon Faust», dessen großer geistesgeschichtlicher Wert gewiß darin liegt, daß hier in der «von Grund auf gewandelten Welt»[58] des 20. Jahrhunderts dem Goetheschen Denken eine neue Version des Menschen gegenübergestellt wird. Nähe und Ferne kennzeichnen in gleicher Weise Valérys Verhältnis zu Goethe. Dies kommt am besten zum Ausdruck in der Gedenkrede, die er 1932 zum hundertsten Todestag Goethes vor der Academie française gehalten hat, wo er sich beeindruckt zeigt von der Universalität der Interessen Goethes, diesen «ein Monstrum des Fassungsvermögens, der schöpferischen Kraft, der Vitalität, der Beweglichkeit und der Ausgeglichenheit» nennt, ferner die für ihn bezeichnende Formel vom «Genie des Transformationsvermögens» auf Goethe anwendet und sein Lebenswerk summierend umschreibt als «eine Bewahrung der Zukunft»[59], aber auf Goethes Menschenbild, den kosmischen Bezug des Menschen und dessen Erhebung zur Persönlichkeit doch mit keinem Wort eingeht.

Der Unterschied kommt am stärksten zum Tragen in den beiden Faust-Gestalten, wo Valéry einen ganz seiner bewußten und damit seiner mächtigen Faust zeichnet, aber doch einen, der die Illusion aufgegeben hat, die Welt zu beherrschen, in der Welt aufzugehen und sich darin wiederzuerkennen, so daß hier der Schritt vom individualistischen Selbstverständnis des neuhumanistischen Individualismus zum unpersönlichen Autonomismus des 20. Jahrhunderts am deutlichsten erkennbar ist. Die Preisgabe des Anspruchs auf die Herrschaft der Welt, auf die Gottähnlichkeit, die Feststellung, daß «das Individuum im Sterben liegt» und der Mensch der Gegenwart das alte Chaos vor der Schöpfung wiederentdeckt hat, bringt den Teufel um seine Gewalt über den Menschen. Faust weiß zwar, daß das Ende des Bösen vielleicht auch das Ende der Seele bedeutet, und er gibt dem Schüler den charakteristischen Wahlspruch fürs Leben mit: «Hütet euch vor der Liebe», aber Valérys Faust endet auch nicht in der doppelten Täuschung, angesichts des scheinbar neugewonnenen Landes, neuer Herrschaft am Ende seines Lebens zum Augenblick zu sagen: «Verweile doch, du bist so schön», die Rettung seiner Seele den Himmlischen überlassend. Wie sein Faust nicht am Seidenfaden der Schöpfung hängt, so bedarf er auch keiner Erlösung, denn hier heißt es angesichts aller Verlockung: «Jedoch mein stolzer Geist hat die Begier besiegt, war das, was war, unsinnige Vergeudung nur, was dann die Zukunft sei, es kümmert mich noch minder.» Mit einiger Folgerichtigkeit führte Goethes Faustbild, an dessen Anfang das Bekenntnis zur Tat steht und damit der Wille zur Handlung, zur Beherrschung der Welt und in die Geschichte hinein. In der Tat bewährt, bestätigt und erkennt sich der Mensch in Goethes neuzeitlich-individualistischer Sicht, die Tat ist in der Welt das Zeugnis, das Denkmal und das Gedächtnis des Menschen. Aber ebenso eindringlich demonstriert uns die andere Faustgestalt, daß Valéry nichts von der Geschichte hält, weil sein Faust hier verächtlich darauf herabschaut, «daß es noch Menschen auf der Welt gibt, die es fertig bringen, sich selbst für wichtig zu halten». Valérys Faust erlebt den Höhepunkt seines Lebens nicht in einer großen Handlung, sondern in der Stille eines Abends, wo er bekennt: «Ich lebe – sonst nichts. Das ist schon ein Werk. Endlich hat, was ich war, sich vollendet in dem, was ich bin.» Erfüllt sich Goethes Individualität im Werk und im Gefühl der Einheit mit der Welt, so gibt es für Valérys Individualismus keinen Ausdruck und keine Spiegelung in der Welt mehr. Die Krone der Individualität liegt für ihn vielmehr darin, alles Individuelle, Zufällige aufzuheben im Bewußten und dadurch das Selbst in ein Übermenschliches zu erheben: «Schon tagt das Reich des Unmenschlichen, das hervorgehen wird aus der Klarheit, der Strenge und der Reinheit in den menschlichen Bezügen.»[60]

b) Geschichtsfeindlichkeit als Folge der Autonomie

Es ist Valérys Vorstellung vom Geist bzw. seine Identifizierung von Geist und Bewußtsein, die zur Negation der Zeit führt. Wirklichkeit, Zeitlichkeit und auch die Menschlichkeit des Menschen sind für ihn nur gegeben in der Bewußtheit, in der völligen Beherrschung des Augenblicks, in der Ausschaltung aller anderen Zeit. Zeit ist so nichts mehr außer dem Menschen, sie führt zu nichts, bindet, zwingt, beendet nicht, und es gibt folglich auch keinen Bezug zu ihr, um den Geist zu erkennen oder zu realisieren. Dieses Aufgehen der Zeit im Geist bzw. in der menschlichen Bewußtheit macht den innermenschlichen Bereich zum alleinigen Ort des Geistes, es führt den Menschen bis hin an die Grenzen des Nicht-mehrmenschlichen in Präzision, Transformation und Wirklichkeit, zur vollen Autonomie. Nicht kraft seiner Selbständigkeit in der Welt ist der Mensch nach Valéry autonom, sondern kraft der Erfassung seiner selbst im Bewußtsein.

Es war nur eine Konsequenz davon, daß er auch die Geschichte leugnete oder sie wenigstens als eine für den Menschen verbindliche Lebensform ablehnte, und Valéry hat diese Konsequenz in der rigorosesten Weise gezogen. Er ist vielleicht der bedeutendste Geschichtsfeind der Moderne, er war es vom Anfang seines Denkens bis zu seinem Tode hin, er war es in jeder Hinsicht und spiegelt die reservierte Haltung des modernen Menschen zur Geschichte in allen möglichen Formen. Erst die vorher dargelegte Vorstellung Valérys vom Geist kann uns aber erkennen lassen, daß die vielen Verdikte der Geschichte, die in seinem ganzen Werk oft nur als leicht oder gar leichtfertig hingeworfen erscheinen, nicht nur rhetorisches Ornament sind, nicht nur der Schaum auf den Wellen der literarischen Attitüde, sondern daß diese Geschichtsfeindschaft profund in ihrer Ursache und elementar in ihrem Wesen ist. Notwendig steht daher am Ende dieser Geschichtsfeindschaft auch die Vision einer geschichtslosen Menschheit, die sich als nichts anderes als die Spiegelung des autonomen Menschen in einer zeitlosen Welt erweist.

Was nun die innere Konsistenz dieses Antihistorismus betrifft, so kann man nicht eindeutig sagen, daß sich die Verschiedenheit seiner Formen aus der persönlichen Entwicklung Valérys ergibt. Schwankungen und Akzente sind gewiß vorhanden, doch liegt das Phänomenale seiner Geschichtsfeindschaft gerade darin, daß sie nicht Ergebnis von Erfahrungen und Entwicklungen des persönlichen Lebens war, sondern eine Emanation dieses Geistes. Sein «non licet» gegenüber allem geschichtlichen Denken findet sich ebenso schon in der anfangs der neunziger Jahre konzipierten Gestalt des Herrn Teste, der keine Bücher hat, seine Papiere verbrannte, keine Erinnerungen hegt und alle bloßen Meinungen ablegt, sondern nur zu behalten pflegt, wessen er «morgen bedürfen werde», wie diese ablehnende Haltung auch noch zutage tritt in der Aufforderung der Feen an Faust in dem wenige Jahre vor dem Tod Valérys niedergeschriebenen Werk: «Hör auf, die Beute schon vollbrachter Zeit zu sein.» Etwas willkürlich kann man von sechs verschiedenen Arten der Geschichtsfeindschaft sprechen, die in Valérys Werk nebeneinander, nacheinander und durcheinander immer wieder auftauchen. Um der Plastizität willen sollen diese sechs Arten aus historischer Sicht als sechs große Verwechslungen oder Identifikationen bezeichnet werden: nämlich die Identifikation von Zeit und Geschichte, von Zivilisation und Geschichte, von Politik und Geschichte, von Literatur und Geschichtsschreibung, von Machtexpansion und Geschichte und schließlich von Menschlichkeit und Geschichte. Aber auch hier, wie schon bei Nietzsche, geht es zunächst nicht darum, durch Kritik am Einzelnen den Wert des Ganzen herabzusetzen. Maßgebend für unser Verständnis dieser Geschichtsfeindschaft ist vielmehr, daß sie nicht einfach erwachsen ist aus der Unvertrautheit mit der Geschichte als Wissenschaft, sondern aus der Ablehnung der Geschichte als einer Form und Bedingung des menschlichen Daseins. Sie ergibt sich aus der Totalität der von Valéry erstrebten Autonomie, und in reduzierter Weise ist sie jedem autonomen Menschen der Moderne auch in der einen oder anderen Gestalt adäquat. Hier sind daher die sechs verschiedenen Arten in der vorher gewählten Umschreibung nur festzuhalten und die daraus sich ergebenden Folgerungen zu ziehen.

Valérys antihistorische Einstellung ist zunächst einmal die Folge davon, daß er die geschehende Zeit mit der erlebten Zeit identifiziert, daß er jede Fixierung des Geistes in der Zeit ablehnt und der Geist für ihn nur dann von Bedeutsamkeit, Wirksamkeit und Gewinn ist, wenn er wieder zurückgeht zum Menschen, von dem er ausgegangen ist. So liegt der erste, naheliegendste und allgemeinste Zugang zu dieser Geschichtsfeindlichkeit darin, zu sehen, daß Valéry nicht bereit ist, das persönliche Leben, Handeln und Schicksal in Wechselbeziehung zu dem öffentlichen Leben, Handeln und Schicksal zu setzen. Der «Standpunkt», von dem aus er historiches Leben beurteilt, ist demnach «ganz einfach: mein gestriger Tag – der und der Vorfall meines Lebens, die und die Phase, der und der Freund ... den und den Menschen getroffen und beurteilt usw. Das sind ebenso sehr historische Tatsachen wie der Westfälische Friede.»[61] Da er Mitwirkung und Mitleidenschaft des Menschen in der Geschichte nicht zu akzeptieren vermag, so bleibt alles zufällig, individuell, ohne Bezug und auch ohne überindividuellen Wert. «Gut essen, gut schlafen und dann dieser Rest, von dem wir sprechen (Valéry meint hier die Erfassung des Augenblicks, in dem man das Geistige ergreift), ich sehe den ganzen Gang der Geschichte um diese drei Achsen gruppiert.»[62] Da er in seinem Geistverständnis die Verwobenheit des Menschen in Zeiten und Ereignisse nicht realisiert, so sind ihm die Ereignisse der eigentliche Horror der Geschichte. In ihrem Zustandekommen «etwas ganz anderes als Gedanken»[63] und eigentlich nur «platzende Blasen an der Oberfläche des Gemenges der menschlichen Dinge»[64], in ihrer tatsächlichen Gegebenheit nur tote Fakten ohne Signifikation, nur Glaubensartikel, «denn der (wiedergebende) Mensch ist dort nicht dabeigewesen»[65], sind sie als «Geschichte» nur Imagination eines wirklichen Lebens und damit schließlich aus den Denkgewohnheiten geborene Unterstellungen.[66] Das Résumé, das Valéry zieht, ist übel: «Die Geschichte ist das gefährlichste Produkt, das die Chemie des Intellekts entwickelt hat.»[67] Die Beschäftigung mit der Geschichte ist ihm daher reine Zeitvergeudung. Denn wenn schon der Mensch für seine eigene Umwelt und Gegenwart keine Möglichkeit hat, ihr seinen Geist mitzuteilen, so gilt dies noch viel mehr und vollständiger für die Vergangenheit, die sich unter diesem Aspekt überhaupt als ein Trauerspiel erweist. Zeigt sie doch nur, wie selbst so kluge Köpfe wie Cäsar oder Napoleon sich nur mit «bedeutungslosen Dingen» beschäftigt haben und eigentlich nicht erfaßten, «daß es um etwas ganz anderes geht ... Ganz einfach darum, den Menschen dorthin zu führen, wo er noch nie gewesen ist.»[68] Die letzte Konsequenz, die Valéry aus diesen Gedanken zieht, lautet: «Die glücklichen Völker haben keine Geschichte. Woraus sich folgern läßt, daß die Abschaffung der Geschichte die Völker glücklich machen würde.»[69]

Wenn Valéry die Geschichte nur dort akzeptabel erscheint, wo sich ihre Entwicklungen zugunsten des Menschen auswirken, also das Glück des Menschen mit dem Fortschreiten der Geschichte identisch ist, so kommt man damit zum zweiten Grund für seine Ablehnung der traditionellen Historie und damit auch zu den Aufgaben, die er einer neuen Historie zuweisen möchte. Geschichte, das ist ihm nämlich nicht die aus den Bedingungen des menschlichen Zusammenlebens sich ergebende Gestaltung und Entwicklung des öffentlichen Lebens und insofern auch die Form und Bindung des individuellen Lebens, sondern Valéry betrachtet als das Wesentliche und allein Behaltenswerte der Geschichte den zivilisatorischen Fortschritt. Nicht wie Zeit verbraucht wird, sondern wie dank der Zivilisation, der Vorratsspeicherung oder der Maschinenentwicklung Zeit gewonnen wird für die Intensivierung des geistigen Lebens, ist ihm daran wichtig. Ergo erkennt er in seinem vor Gymnasiasten dargelegten «Discours de l'Histoire» die Entdeckung der Chinin-Vorkommen als das eigentlich dominante Ereignis seiner Epoche[70], oder er sagt an anderer Stelle, daß die Einschleppung der Syphilis aus Amerika für die Geschichte Europas wichtiger war als der Friede von Utrecht.[71] Als er 1933 Vorschläge zum Aufbau des «Centre Universitaire Méditerranéen» machte, meinte er, die Professoren für Geschichte sollten sich dort nicht der historischen Ereignisse annehmen, sondern vor allem die Entwicklung der Ideen, der Sitten und Gebräuche, der Handelsbeziehungen, der Technik und der Mythen des Mittelmeerraums in den Mittelpunkt des Unterrichts stellen.[72] Wenn Valéry hier an die Stelle der politischen Geschichte die Sozial- und Kulturgeschichte setzt, so darf man sich jedoch nicht irreführen lassen, als ob er nur eine andere Form des Geschehens bevorzugen möchte. Geht es ihm doch nirgends um das Geschehen als solches und als bedingender Faktor, sondern um die in der Geschichte aufscheinende Möglichkeit, und bezeichnenderweise sieht er diese Möglichkeiten immer im Bereich der Physis des Menschen, während sich irgendwelche geistigen Werte für ihn niemals im historischen Geschehen entfalten können.

Eine dritte Ursache für die Geschichtsfeindlichkeit Valérys liegt ganz in der Nähe, hat aber doch einen eigenen Charakter, nämlich die Auffassung, daß alles Leben und Handeln ausschließlich gegenwärtig sei und nur insofern Wert habe, als es auf die Zukunft ausgerichtet sei. Valéry ist ein auf die Zukunft, das noch Mögliche ausgerichteter Mensch, seine Auffassung vom Geist als einer Fähigkeit zur Transformation auf Künftiges hin liegt dem zugrunde. Die Vergangenheit hingegen bietet keine Möglichkeit, sie ist ihm nicht einmal eine Voraussetzung, weil alle Voraussetzung für das Geschehende nur im Transformationsvermögen des gegenwärtigen Menschen liegt. Folglich ist die Vergangenheit tot. «Die Zukunft ist die am tiefsten fühlbare Parzelle des Augenblicks» heißt es in «Mélange».[73] Im Hinblick auf ein geschichtliches Verstehen bedeutet dies aber, daß die eigentlich wichtige, faßbare und realisierbare Geschichte die Politik ist. Auch Nietzsche hatte der Vergangenheit abgesagt und die Zukunft als das allein Wichtige betrachtet. Aber Nietzsche lehnte die Geschichte nur ab, weil ihm die zu intensive Beschäftigung mit ihr schädlich schien für die Ausrichtung der Kräfte auf die Zukunft; Valéry aber wendet sich gegen die historische Betrachtung, weil sie ihm völlig wertlos erscheint. «Die Idee der Vergangenheit gibt keinen Sinn und konstituiert keinen Wert außer für jenen Menschen, der eine Passion für die Zukunft hat», heißt es in den «Betrachtungen über die gegenwärtige Welt»[74]. Gerade weil Ludwig XIV. mit seinen Bestrebungen um die Kaiserkrone und Bismarck mit seinem auf Europa beschränkten Blick eine Politik aus der Sicht der Vergangenheit verfolgten, sind sie gestürzt. «Die Geschichte nährt die Geschichte.» Insbesondere im 20. Jahrhundert hat sich aber nicht nur die Geschichte überlebt, sondern auch jede «politique historique», weil die Überwindung des kleinen Territorienschachers und der auf kleine Räume begrenzten Ereignisse durch weltumspannende Wirkung von Handlungen in Tokio oder in Berlin die Berechnung von Kausalitäten nicht mehr zulasse. Es ist wohl weniger ein plattes Utilitätsdenken als eben die Ergriffenheit von der Gegenwärtigkeit und Zukunftsausrichtung alles Lebens, die Valéry alles als wertlos erscheinen ließ, was dieser zukunftsbedingten Gegenwart nicht dienlich ist und ihr möglicherweise die Rezepte liefert – wobei Valéry freilich übersah, daß auch seine aus der Gegenwart gewonnene Zukunftsvorstellung nur eine fixe Idee ohne irgendeinen objektiven Wert von praktischer Bedeutung war. Denn das einzige, was die Geschichte wirklich zu lehren vermag, ist gerade dies, daß die Zukunft jedenfalls anders aussieht, als man sie je in irgendeiner Gegenwart zu denken vermag. Aber da Valéry der Zeit und speziell der dann als Geschichte real gewordenen und für alle Gegenwart weiterwirkenden Zeit jegliche Verbindlichkeit abspricht, bleibt ihm auch der Blick dafür versperrt, daß aller vergangenen, gegenwärtigen und künftigen Zeit eine absolute Offenheit eigen ist, eine Offenheit, die die geschehene und gewußte Geschichte zwar niemals als die letzte und gewisse Wirklichkeit erscheinen läßt, immer aber ihr den Wert eines untrüglichen Spiegels für den Menschen verleiht. Da Anfang und Ende seiner Zeitvorstellung dadurch bestimmt wurde, daß die Zukunft gemacht wird durch das menschengemäße Handeln der Politik, blieb ihm die Möglichkeit fremd, daß alle Geschichte gewordene und Geschichte werdende Zeit in ihrem Gesamtkomplex ein Geschehen darstellt, das dem Menschen nicht mehr gefügig ist.

Gerade die Tatsache, daß die Gegenwart in jeder Gestalt, individuell wie politisch, prinzipiell ein Entwurf der Zukunft ist, läßt uns eine vierte Ursache für Valérys Geschichtsfeindlichkeit darin erkennen, daß er in der Geschichte nur den Ort der Perversion der Macht sieht, den Bereich, in dem der Mensch «von der Illusion lebt, er könne der Zukunft etwas vorschreiben»[75]. Zwar erscheint ihm die Macht nicht wie Jakob Burckhardt als an sich böse, sie ist nicht der Anlaß für den unausweichlichen Konflikt des politischen Menschen zwischen Pflicht und Schuld, sondern nüchtern und fast zynisch betrachtet er sie als den Stachel, der den Spieler lockt. Er weiß, daß der Zauber von Macht und Geld gerade im Unbegrenzten und Unbestimmbaren liegt.[76] Und nicht der Mißbrauch ist es, was er daran verdammt, sondern dies, daß die Macht als das leitende Moment in der Geschichte letztlich den Geist ausschließt. «Politik und

Freiheit des Geistes schließen sich aus, denn Politik, das sind die Idole.»[77] Nur unbedeutende, ungeistige, machtgierige Menschen können sich daher der Politik widmen, wie Robespierre oder Richelieu. Denn «in der Geschichte verschwinden die Gestalten, denen der Kopf nicht abgeschlagen wurde und jene, die keine Köpfe abschlagen ließen, ohne Spuren zu hinterlassen»[78]. Da also alle Politik nur von Idolen beherrscht wird, sind folglich auch die politischen Menschen keine Träger, Verkünder von Ideen, sondern nur Handlanger und Opfer der Macht, oder wie er sagt, nur «eine Beute jener ungeheueren nervösen und intellektuellen Schwierigkeiten ..., die mit schwerwiegenden Situationen ... verbunden sind»[79]. «Engel täten not», also unbestechliche und makellose Medien, um Ideen in die Geschichte hineintragen zu können. Tatsächlich ist aber schlechterdings nichts dazu angetan, «die Menschen zu lehren, wie sie in Frieden leben könnten»[80]. Es waren diese Gedanken der absoluten Trennung von Macht und Geist, die Valéry nach seiner eigenen Erzählung schon in früher Jugend genötigt haben, die Pläne zu einer Tragödie über «Tiberius – oder die gekrönte Vernunft» wieder fallen zu lassen. Denn die Voraussicht, die Klugheit, der Scharfblick, die genaue Einsicht in den Besitz der Macht und die reine und stete Erwägung des öffentlichen Interesses, und dies alles gestützt auf das Beil des Henkers: welch ein Widerspruch für den Mann, der die Meinung vertritt, daß nur der Geist den Geist beherrschen kann.[81] Und Valéry geht noch weiter, denn die Idee und sogar die Religion sind ihm nur Macht, beziehungsweise widernatürliche Okkupation. Nicht die Auferstehung im Sinne des Paulusworts, «Ist aber Christus nicht auferstanden, so ist euer Glaube nichtig»[82], ist ihm der Anfang des Christentums, sondern die Marter Christi wirkte nach Valéry «stärker auf die Gemüter als alle Wunder: sein Tod war für die Menschen fühlbarer als seine Auferstehung»[83]. Ergo: nicht weil die Macht böse ist, haßt Valéry die Geschichte als deren eklatanteste Demonstration, sondern weil sie unmenschlich ist und dem Menschen die Herrschaft über sich selbst streitig macht.

Der fünfte Aspekt, unter dem Valéry die Geschichte ablehnt, kann kurz umschrieben werden mit dem Problem der Geschichtsschreibung, ja der historischen Wahrheit überhaupt. Sensitive und rationale Abneigungen kommen hier zusammen. Denn einerseits sind für ihn und sein visuelles Verstehen alle historischen Überreste und Quellen nicht eigentlich Zeugnisse der Vergangenheit, sondern schließlich nur Objekte der Betrachtung. «Was siehst du? – Cäsar? ... Nein. Ich sehe ein Stück eines kahlen Schädels ...»[84] Anderseits aber sind für Valéry, den harten Beobachter und Kritiker seiner selbst, alle überlieferten Berichte, Urkunden, Erzählungen aus der ihm eigenen Gegenwärtigkeit alles Wahrnehmens und Fragens nicht Wahrheit, nicht eine Möglichkeit, Nicht-mehr-gegenwärtiges sich in der erhellenden Zeitverschiebung nach Ursachen, Wirklichkeit und Konsequenz zu realisieren, sondern für ihn ist solche überlieferte Geschichte nur «eine Literatur naiver Art».[85] Drastischer beschuldigt er an anderer Stelle die Historiker, mit der Vergangenheit das zu tun, was die Wahrsagerin mit der Zukunft anstellt, allerdings mit dem gravierenden Unterschied, daß die Wahrsagerin im Gegensatz zum Historiker auf den Wert ihrer Aussagen überprüft werden kann.[86] Ausgehend von dem Vorwurf, daß die Historie es versäumt habe, wie die exakten Naturwissenschaften ihre Fundamente auf ihre Axiome hin zu überprüfen,[87] stellt er fest, daß in der Geschichtswissenschaft in umgekehrter Art die Beweise und Belege nur dazu dienen, beliebige Erkenntnisse zu formulieren.[88] Da er sich also mit der Tatsache konfrontiert sieht, daß die Akteure der französischen Revolution von den einen als Scheusale, von den anderen aber als Heilige betrachtet werden, kommt er zu dem Ergebnis: «Die Historie rechtfertigt, was sie will.»[89] Und selbst wenn dieser Verdacht nicht bestünde, so bleibt die Unsicherheit über die Geschichte doch bestehen, denn alles, was wir von ihr wissen und denken, ist diskreditiert durch die Vermutung, daß das Geschehen selbst nur Ergebnis eines Zufalls ist und keineswegs auf Notwendigkeit beruht. Wenn Grouchy rechtzeitig nach Waterloo gekommen wäre, wenn Ludwig XVI. eine Marine gehabt hätte ... In dieser großen Bedeutung des Wörtchens «Wenn» und in der unabsehbaren Zahl von Möglichkeiten in der Geschichte wird für Valéry schließlich das Résumé gerechtfertigt: «Der geschichtliche Stoff hält vor der Reflexion nicht stand.»[90] Es genügt aber nicht, Valéry vorzuwerfen, daß er mit einem methodisch falschen Gesichtspunkt an die Frage der Erkennbarkeit von Geschichte herangegangen sei, wenn sich auch bei ihm so verfängliche Ansichten finden wie die, daß man selbst die wichtigste Quelle sei,[91] daß ferner die Quellen eher störten, als hülfen, die Wahrheit zu finden,[92] und schließlich, daß Quellen schon deshalb nichtssagend wären, weil sie beliebig machbar seien.[93] Die Ursache für Valérys Mißtrauen gegen die Möglichkeit, Geschichte zu fixieren, ist eben anderer Art, sie ist auch zu tief gelegen, als daß allein von der Problematik der Methode eine Antwort darauf gegeben werden könnte. Die eigentliche Geschichtsfeindschaft liegt bei diesem fünften Aspekt gerade darin, daß die anthropozentrische Vorstellung vom Geist es Valéry unmöglich macht, einen Geist zu akzeptieren, der nicht mit ihm selbst identisch ist. So sagt er, was nützt es einem Geist, wenn er dem gewaltigsten Welttheater, einer großen Schlacht oder selbst der Auferstehung als Zeuge beiwohnt, aber unterdessen die Form seiner Fingernägel betrachtet oder die Farbe des Steins zu seinen Füßen, welche Wahrnehmungen für ihn die eigentliche Wahrheit dieses Augenblicks markieren?[94] Nicht nur Kosmogonie und Metaphysik, sondern auch Geschichte und sogar Physik wollen schließlich den Menschen zu Zeugen von Ereignissen setzen, die in ihrer eigenen Ereignishaftigkeit den Betrachter eigentlich ausschließen.

Die Unversöhnlichkeit Valérys mit der Wahrheit der Geschichte liegt schließlich in seiner Feststellung: «Was sieht, ist unvereinbar mit dem, was gesehen wird.»[95] Dazu ist freilich von der Historie aus zu sagen, daß sie diese Vereinbarkeit als solche nie postuliert hat, wenn auch das Axiom einer Verstehbarkeit des Gesehenen die erste Voraussetzung ihres wissenschaftlichen Arbeitens darstellt. Valéry geht noch weiter, für ihn gibt es keinen Geist, «der das, woraus er selbst entsteht, zu fassen vermöchte»[96]. So bleibt es bezüglich der Wahrheit und der Stellung des Menschen in der Welt dabei, daß alles darauf hinausläuft, «eine Tischecke zu betrachten, eine Mauerfläche ... oder ein Stück Himmel»[97].

Nach der Darlegung, daß es für Valéry die Bewußtmachung über den Menschen hinaus nicht geben kann, bleibt als sechster Grund für die Ablehnung der Geschichte nun noch dies zu nennen, daß die Autonomie des modernen Menschen für ihn nur vorstellbar ist unter der Voraussetzung einer Absage an den Menschen, wie ihn die Geschichte kennt und zeigt. So stößt man bei seiner Aussage über die Zukunft des Menschen auf den zunächst paradox anmutenden Satz: «Die Zeit ist vorbei, in der die Zeit nicht zählt.»[98] Valéry meint hier, die Zeit ist aus, in der der Mensch in der Zeit, in der Geschichte aufgeht; es muß die Zeit kommen, in der die Zeit nur noch die Zeit des Menschen im Sinne der alleinigen und totalen Verfügung über sich selbst ist. So gewahrt man am Ende bei ihm eine Unmenschlichkeit oder besser Übermenschlichkeit, die nicht als Verfall der Humanität zu betrachten ist, sondern ein Hinausschreiten über die sozial bedingte Humanität des Humanismus, und man gewahrt eine Geschichtsfeindschaft, die nicht auf der Verkennung der Geschichte beruht, sondern einer Überwindung der historischen Bedingungen durch den Menschen zustrebt. Noch gibt es «zwei Arten von Menschen, die, welche sich als Menschen fühlen und Bedürfnis nach Menschen haben, und die, welche sich – allein und nicht als Menschen fühlen. Denn wer wirklich auf sich allein steht, ist nicht Mensch.»[99] Sein Ideal ist der Solitär, aber nicht im Sinne des einsamen Widersachers von Faust, der als Wissender auch noch das Universum hinter sich gelassen hat, sondern als der Einzige, als Faust, der «mehr als nur gelebt» und alle seine Möglichkeiten ausgeschöpft hat. Valéry sieht den modernen, den autonomen Menschen «vorüberziehen, mit einem Bild von sich und der Welt, das nichts Bestimmtes mehr hat. Er muß mehrere Bilder mit sich tragen ... Dies infolge seiner Lebensweise und infolge der gegenseitigen Durchdringung der verschiedenen Lösungen. Hinzu kommt, daß die Ideen, selbst die grundlegenden, allmählich den Charakter von Wesenheiten verlieren und zu Werkzeugen werden.»[100] Die Zukunft, die sich damit vorbereitet, ist eine Zukunft der Maschine, aber der Menschenmaschine. Er nennt zwar diese von ihm vorausgesehene Zukunft eine schreckliche, aber sie steht dennoch am Ende aller seiner Gedanken über den Menschen. «Alle diese schlimmen Tugenden (nämlich das unfehlbare Gedächtnis, die stets vordrängende Tätigkeit, die ständige Geistesgegenwart und der immer wache, kritische Sinn), die das Leben dem Leben schwer machten, werden wachsen und in der Welt immer mehr herrschen – aber nicht in menschlicher Form. Die Maschine, und was sie verlangt, wird die Gewichtlosesten und Ungenauesten in ihre Disziplin zwingen. Sie registriert, sie sieht voraus. Sie präzisiert und sie verhärtet; sie übertreibt die den Lebenden eigene Möglichkeit, zu bewahren und vorauszusehen, und sie strebt danach, das launische Leben der Menschen, ihre vagen Erinnerungen, die dämmerige Zukunft, das ungewisse Morgen in eine Art unveränderter Gegenwart zu verwandeln, vergleichbar mit dem stationären Gang eines Motors, der seine Normalgeschwindigkeit erreicht hat.»[101] Es ist diese Vorstellung von der Zukunft, die künftig alles historische Besondere, Wichtige und Neue zunichte machen und damit die ewige Unvollkommenheit des zeitlichen Werdens überwinden soll. Da ihm die Geschichte der Inbegriff der menschlichen Schwäche ist durch die Brechung des Menschen in der Individualität, in der in allem Werden gelegenen Unordnung, im nackten Egoismus des Daseins und des irgendwie-Weiterlebens, will er schließlich die Geschichte selbst aufgehoben wissen und diese ganze historisch gefärbte Menschlichkeit umwandeln in ein zeitloses, Geist und Bewußtsein gewordenes Wesen. In diesem Streben nach Beseitigung der historischen Orientierung des Menschen ist aber Valérys Geschichtsfeindlichkeit elementar, Ausdruck einer totalen Auffassung von der Autonomie des Menschen. In diesem Sinne ist also Geschichtslosigkeit auch Unmenschlichkeit, diese aber die eigentliche Form eines menschlichen Daseins, in dem sich der Mensch weder dem Teufel verkauft noch einem Gott anheim gegeben hat. In einer Bedeutung, die weit über das bloß Biographische hinausgeht, berichtet Valéry in seinen Cahiers von einem Abend, an dem André Gide erklärt habe: «V. ist nicht menschlich. Es besteht Übereinstimmung in diesem Punkt. Degas nannte mich den Engel. K. definierte mich als den Abwesenden. Diese Verbannung aus dem Menschlichen verwirrt mich. Und doch: dieses Unmenschliche muß auf irgendeine sehr einfache Daseinsform hinauslaufen – so einfach, daß eben darin meine Unmenschlichkeit besteht. Ich fühle keine Verachtung für die Menschen. Aber für den Menschen. Dieses Untier, das ich nicht erfunden hätte.»[102] Wie bei Nietzsche, so ist auch bei Valéry die Anthropozentrik der Ausgangspunkt des modernen Autonomismus, aber anders als bei Nietzsche liegt für ihn das Ergebnis darin, daß er den Menschen gerade in der Geistigkeit und Bewußtheit über sich hinaushebt. Mit der Preisgabe der Geschichte wird auch der Mensch überwunden. Damit ist der Autonomismus der Moderne bei seinem wichtigsten Repräsentanten vorgestoßen bis zu der äußersten Alternative: entweder mit der Geschichte die Beschränktheit des Menschen akzeptieren und die Geschichte als das Sysiphus-Werk seiner Humanisierung betreiben oder aber mit der Aufhebung dieser menschlichen Geschichte die Vollendung des Menschen suchen, seine Überwindung suchen im unmenschlich gewordenen Bewußtsein, in der reinen Registratur des Daseins.

4. *Die Klärung des Konflikts*

An den Gedankengängen von Nietzsche und Valéry zeigt sich, daß auch jenseits des historischen Denkens, ganz im Bereich des innermenschlichen, existenziellen Daseins, das Nachdenken über Zeit und Geist diejenige Bahn war, auf der der moderne Mensch dazu gelangte, sich und seine Rolle in der Welt ganz aus sich selbst zu erklären. Denn im Verständnis seiner selbst als Geist und in der freien Verfügung über die Zeit liegt die Herrschaft über den Menschen begründet, seit die Herrschaft über die Erde kein philosophisches Problem mehr ist,[1] und mit der Frage, wie Zeit und Geist aufeinander zugeordnet sind, wird auch entschieden, welches Ausmaß diese Autonomie erreichen kann.

Will man sich über den Wert dieses modernen Autonomismus und über die durch die Spaltung in verschiedene Richtungen gegebene Problematik klar werden, so gilt es zuerst, die Übereinstimmungen herauszustellen. Sie lassen gemeinsame Voraussetzungen in der Mentalität und gemeinsame Zielsetzungen in der Tendenz erkennen, die bei aller Unvereinbarkeit der Modifikationen diesem Autonomismus eine bezeichnende Charakteristik und darüber hinaus doch auch ein einheitliches Gepräge verleihen. So kann man erstens dem historischen wie dem existenziellen Autonomismus einen theoretischen Grundzug zusprechen, also eine prüfende, beobachtende und resümierende Haltung des Menschen im Bezug auf sich selbst. Nicht der Wille zu einem bestimmten Zustand der Welt und auch nicht das erreichte Stadium der Welt ist maßgebend für die Verwirklichung der Autonomie. Vielmehr ergibt sich die Autonomie bzw. die Auffassung von der Autonomie aus dem Akt des Schaffens selbst, und in der Messung des Menschen an dem Maß dessen, was er von sich verlangt und von sich aus vermag, sie ist ein Akt der Selbstschöpfung. So bezeichne ich diese Haltung als eine theoretische, weil sie wesentlich reflexiv ist und damit sowohl die Freiheit zum Schaffen, wie auch die Freiheit zum Verzicht in sich schließt. Gemeinsam ist beiden Richtungen des Autonomismus zweitens die individualistische Grundeinstellung, also die Betrachtung des Menschen als einer a priori unabhängigen Existenz, und die Auffassung, daß alle freien Initiativen und Äußerungen des Menschen ihren Antrieb aus den individuellen Anlagen, Fähigkeiten und Zielsetzungen erhalten. Besonders für den Bereich des historischen Denkens heißt dies, daß auch die historisch relevanten Handlungen des Menschen primär individueller Natur sind und das Gesetz des freien Handelns nicht ausschließlich von außen, vom Kollektiv, aus einer Idee entspringt. Auch wo der Bürger dem Kriegsbefehl folgt, geschieht diese Handlung also in Übereinstimmung mit der Gesellschaft oder mit der die Gemeinschaft konstituierenden Gewalt oder wenigstens mit den Prinzipien des gemeinschaftlichen Lebens, also z. B. dem Prinzip des Mehrheitswillens, der Machtexpansion, der Revolution usw. Die Autonomie des Individuums leugnet oder bekämpft nicht die soziale Gebundenheit im politischen Dasein, sie verweist nur diese soziale Bindung auf den zweiten Platz. Die politische Entwicklung der Gesellschaft seit der französischen Revolution ist die praktische Anwendung dieses Prinzips, ohne daß damit freilich gesagt sein soll, daß diese Autonomie mit der politischen Form der Demokratie identisch sein müßte. Damit kommt man zu dem, was an dritter Stelle eine Gemeinsamkeit im historischen und im existenziellen Autonomismus konstituiert, nämlich das gleiche Streben, das Leben für den Menschen immer unmittelbarer greifbar zu machen, es in allen Schichten und Formen vollkommener zu durchdringen und alle Hindernisse zu beseitigen, die diese unvermittelte Anteilnahme beeinträchtigen. In diesem Trachten nach der ganzen Lebensunmittelbarkeit und zwar durch die allseitige Prüfung, durch die Erfassung der in den Dingen selbst liegenden Notwendigkeit und der im Menschen gegebenen Realität, liegt wohl überhaupt das Kennzeichen und das innerste Anliegen des ganzen modernen Autonomismus. Als der Nietzsche-Anhänger Ortega y Gasset in seinem universal angelegten Essay über den Charakter der modernen Zeit, den er aus einer elitären Geisteshaltung heraus freilich als den «Aufstand der Massen» umschrieb, auf das geistige Signum dieser seiner Gegenwart zu sprechen kam, bezeichnete er als das hervorstechende Merkmal dies, daß sie keine satte, abgeklärte, zufriedene und sich selbst als Krönung empfindende Zeit sei, sondern «daß sie ein Anfang ist»; der Mensch dieser Gegenwart sei geprägt vom «Bewußtsein, Herr seiner selbst und jedem anderen gleich zu sein». Wir gehen dabei auf Ortegas negative Einschätzung dieser Autonomie des Menschen, die er kennzeichnet als «ungehemmte Ausdehnung seiner Lebenswünsche und darum seiner Person und die grundsätzliche Undankbarkeit gegen alles, was sein reibungsloses Dasein ermöglicht hat», nicht ein, weil diese Undankbarkeit ja gerade die Kehrseite davon ist, daß für den Autonomisten die bestehende Welt sein eigenes Werk ist und eine Hilfe jenseits des autonomen Menschen außerhalb seines Erfahrungsbereichs liegt.[2]

Gleichwohl ist es über der Frage, worin die Autonomie eigentlich bestehe und wie sie zu erreichen sei, dann zur Spaltung gekommen, wobei das historische Denken die Autonomie des Menschen mehr nach außen abgrenzt, gegen Institutionen, Pressionen, Ideologien, während die existenziell denkenden Autonomisten die Selbständigkeit des Menschen eher distanzieren von innerer Selbstgewißheit und Selbstgenügsamkeit. Oder aktiv ausgesprochen: die historisch begründete Autonomie bezieht sich auf die Stellung des Menschen in der Welt, die existenziell konstituierte hingegen auf die Freiheit gegenüber dem physischen Unvermögen und der psychischen Unzufriedenheit. Die verschiedene Einstellung beider Richtungen gegenüber der äußeren Welt oder konkret gesprochen gegenüber der Geschichte hat aber gezeigt, daß es nicht möglich ist, die beiden Erscheinungsformen als die zwei sich ergänzenden Hälften einer in sich geschlossenen Geisteshaltung zu verstehen. Es erweist sich vielmehr als das eigentlich Schwierige und Erregende an unserem Befund, daß der Autonomismus an einem entscheidenden Punkt seines Selbstverständnisses in sich kontrovers ist, indem er einerseits den Bezug auf die Geschichte als unabdingbar betrachtet für die Autonomie des Menschen, anderseits aber als schädlich und irreführend. Nach den Vorstellungen von Nietzsche und von Valéry kann die Lebensunmittelbarkeit nur erreicht werden, wenn die Zeit nicht mehr als ein außerhalb des Menschen stehendes und wirkendes Medium erscheint, sondern ganz in ihn hereingenommen, ja der Mensch personifizierte Zeit wird. Ortega skizziert dies so: «Dem Gegenwärtigen ist die ganze Vergangenheit zu klein geworden ... Der Europäer steht allein, ohne lebende Tote neben sich; wie Peter Schlemihl hat er seinen Schatten verloren. So geschieht es, wenn der hohe Mittag kommt.»[3] Wie der mittelalterliche Mensch ist dieser existenzielle Autonomist ein Feind der Geschichte geworden, freilich nicht mehr deshalb, weil sie ihn von der Gegenwart des Ewigen abhielte, sondern vielmehr, weil die Geschichte ihn der ewigen Gegenwart zu berauben droht. Pointiert formulierte Valéry, Geschichte sei für ihn «ein Reiz – kein Nahrungsmittel. Wenn der Geist wirklich wach ist, braucht er nur die Gegenwart und sich selber».[4] So liegt nun das Dilemma darin, uns fragen zu müssen, wodurch die Autonomie des Menschen letztlich und eigentlich konstituiert wird: entweder durch die Berufung auf die Geschichte als jener Welt, die den ganzen Vorgang, die Möglichkeit und die Ergebnisse des Selbst-geworden-seins aufweist, ihn sichtbar, kontrollierbar und schließlich fruchtbar macht – oder ob diese Autonomie nur möglich ist durch die Befreiung von der Geschichte als einem Akt der Loslösung von aller Verpflichtung, Abhängigkeit, allem Nicht-selbst-sein und allen den vielen Abhaltungen von dem, was man wirklich und pur ist, des Moi pur.

Für die Lösung dieses Dilemmas scheidet eine Entscheidung im Sinne des Weder-noch aus, weil die Autonomie auf der Verbindung von Zeit und Geist beruht und nur in den vorgetragenen Formen möglich ist. Auch eine Korrespondenz zwischen den beiden Möglichkeiten verbietet sich wegen der Verschiedenheit der angewandten Denkmethoden von selbst. So bleibt außer einer Lösung im Sinne des Entweder-oder nur noch die Möglichkeit des Sowohl-als-auch, ja, wohl vor allem diese. Eine Akzeptation sowohl des historischen wie auch des existenziellen Autonomismus führt aber zunächst zu der Aufgabe, anstelle der einheitlichen Repräsentation des modernen Autonomismus wenigstens die Grenzen in den jeweiligen Positionen und die Ursachen des Gegensatzes herauszustellen. Das Ergebnis davon könnte es dann immerhin sein, aus der Einsicht in die Vielfalt des autonomen Denkens dessen Lebendigkeit im ganzen und allgemeinen bestätigt zu sehen. Denn die Klarheit über die Grenzen legt dar, daß beide Denkweisen keine geschlossenen Systeme repräsentieren, sondern eher Denkansätze sind für eine Autonomie, die in jedem einzelnen Fall von Neuem verwirklicht werden muß, und bei der Darlegung der Unterschiede wird sich ergeben, daß die Entscheidung für diese oder jene Form des autonomen Denkens nicht auch ein Urteil über das «Richtig» oder «Unrichtig» beinhaltet, sondern primär an der Einstellung des Fragestellers zur Welt überhaupt orientiert ist.

Faßt man die Grenzen des historischen Denkens ins Auge, also den Bereich, wo die Relevanz der Geschichte für den Menschen und damit überhaupt der Wert der Geschichte problematisch wird, so scheint sich mir die ganze Summe der offenen Stellen in zwei gewichtigen Unsicherheitsfaktoren zusammenzuballen: Einmal liegt eine offensichtliche Schwäche alles geschichtlichen Denkens darin, daß sich die biographisch verifizierbare Haltung und Handlung des Menschen und die eigentliche historisch fixierbare Bedeutung von Haltung und Handlung nicht vollständig zur Deckung bringen lassen. Umgekehrt sind auch das historische Geschehen und seine nachfolgenden Wirkungen nicht mit der Absicht des Menschen in Einklang zu bringen, weder für die Tat selbst noch für die wissenschaftliche Erklärung. Ja selbst der Wert des chronologisch und politisch fixierbaren Geschehens erhält seine historische Signifikanz nicht bereits durch dieses Geschehen, sondern durch eine Gesamtentwicklung, für die auch viele andere, oft zufällige Faktoren maßgebend sind. Ob Europa im Jahre 1945 seine politische Rolle im Weltgeschehen ausgespielt hat oder nicht, war weder 1945 noch ist es im Jahre 1970 eindeutig zu erkennen. Zweifellos hat diese Schwierigkeit, ja Unmöglichkeit, den Menschen als Person und Träger des eigenen Lebens und den Menschen als historisch wirksam Handelnden auseinanderzuhalten und genau zu scheiden, wieweit der Mensch Produkt und wieweit er der Schöpfer von Zeit und Geist ist, auch einen Zweifel und sogar Resignation gegenüber der Geschichte als dem von der Historie behaupteten allgemeinen Lebensfaktor hervorgerufen. Und eine weitgreifende Geschichtsmüdigkeit in der Gesellschaft und insbesondere in der Jugend war die eine Folge davon, die Fluchtbewegung der Historie in den Umkreis der Sozialwissenschaften die andere. In der Unmöglichkeit, sich als Sozialwissenschaft zu etablieren, haben wir die zweite Problematik des geschichtlichen Denkens angesprochen. Denn alle Bestrebungen, die sozialwissenschaftliche Relevanz der Geschichte zur Geltung zu bringen, haben nur die Hilflosigkeit historischen Denkens in diesem Bereich erwiesen und höchstens zur Behandlung der Geschichte als Argumentationsfeld geführt, doch ist es unmöglich, das soziale Handeln schlechthin oder auch nur überwiegend unter historischen Gesichtspunkten zu strukturieren oder gar zu leiten. Die soziale Ordnung erweist sich in ihrer Praxis, in ihrem Funktionieren und gewissermaßen in ihrer sozialen (ergo unhistorischen) Prozessualität als ein Phänomen, bei dem historische Akzente nur im Hinblick auf die Zukunft Anwendung finden, und auch dies nur in begrenztem Ausmaß, also politisch. Die Sozialwissenschaft benützt die sozialen Erkenntnisse über Aktivierbarkeit bestimmter Schichten, Integrationsmöglichkeiten oder gruppenbezogenes Handeln, um dadurch soziale Verhältnisse aufzudecken und diese Erkenntnisse für das soziale Leben im ganzen und die sozialen Interessen im einzelnen nutzbar zu machen. Die historische Wissenschaft hingegen erfaßt die schon bekannten, vorhandenen sozialen Interessen nur, um dadurch aus der historischen Perspektive sozial relevante Erkenntnisse an die Hand zu geben. Diese historischen Erkenntnisse beziehen sich daher nur auf die Bedingungen, die Formen und allgemeinen Entwicklungen im sozialen Prozeß, nicht auf dessen Machbarkeit, seine Organisation und sein inneres Funktionieren. Insofern ist meines Erachtens die These des Soziologen E. Durkheim, daß Soziales nur durch Soziales zu erklären sei, immerhin insofern zu akzeptieren, daß Soziales nur durch Soziales gestaltbar ist. Der Historiker erfaßt zwar die verteidigungspolitischen, verkehrspolitischen, machtpolitischen Ursachen einer Stadtgründung, aber wie die Stadt lebte, angelegt und organisiert wurde, ist primär ein Vorgang von sozialer Art und auch sozialer Aktualität, während die historische Bedeutung dieses Vorgangs notwendig begrenzt bleibt. Die sozialen Vorgänge sind aber im Gegensatz zum historischen Primärinteresse beherrscht von der ihnen ohne Rücksicht auf Quantität innewohnenden Materialität, Interessenbezogenheit und Gegenwärtigkeit, und wenn der Sozialkörper Entwicklungen historischer Art anstrebt, so sind es gerade solche, die aus der historischen Erfahrung heraus unpraktikabel sind, nämlich Verfestigungen, Zementierung und Unveränderlichkeit. Notwendig liegt das historisch-Interessante an diesen Vorgängen darum gerade in einem Prozeß, der sozial nicht interessant und relevant erscheint: nämlich in der durch äußere Faktoren bewirkten Einwirkung, die diese Zementierungsbestrebungen in Gesetzen, Institutionen und Verfassungen einem ständigen Wandel unterwirft und damit die Relativität jeglicher sozialen Ordnung erweist. Dies besagt aber über die sozialwissenschaftliche Relevanz der Historie und die Grenzen der Historie zum sozialen Leben hin, daß es zwar keine historische Fragestellung, Situation und Erkenntnis gibt, die nicht sozial bedingt wäre, daß sich folglich auch die historische Wissenschaft viel intensiver als bisher mit der sozialen Komponente im vergangenen Leben auseinandersetzen muß, daß sie aber vom erkenntnisleitenden Interesse der Sozialwissenschaft immer dadurch getrennt bleiben wird, daß Interesse und Erkenntnis in ihr in sozialer Hinsicht irrelevant sind, weil ihr Ziel nicht aktiver, sondern demonstrativer Natur ist und ihre Forschungsmöglichkeiten an die überprüfbare Vergangenheit gebunden bleiben. Damit schließen sich gerade unter diesem sozialen Aspekt Stärke und Schwäche des historischen Denkens nochmals zu einem Kreis zusammen. Denn das Bestreben, von der historisch sich bewegenden Welt eine politisch unabhängige und methodisch gesicherte Erkenntnis zu gewinnen, verweist das Erkenntnisobjekt notwendig in die Vergangenheit und den Erkenntnisakt auf ein allgemeinsynthetisches Urteilen, weil diese Erkenntnis nur auf dem Wege einer unmittelbaren und allseitigen Überprüfung aller mitwirkenden Faktoren zu erhalten ist. Aber der Überblick über die Zeiten schließt die Konzentration auf die Gegenwart aus, und die kontemplative Erfassung der Lebensvorgänge steht im Widerspruch zu einer resümierenden Aktion. Die Politik wird unter anderen Kriterien gesehen, als denjenigen, unter denen Geschichte verstanden wird, bzw. es gibt zwar ein Nebeneinander von historischem und politischem Denken, aber nicht ein wissenschaftlich exakt bewirkbares Ineinander. Wiewohl also das soziale Leben in seiner politischen Form dem historisch Denkenden immer ein Zugang zum Menschen bleibt, so folgt doch dieses soziale Leben nicht einfach historischen Bedingungen oder Vorstellungen, weshalb auch dem Verstehen von Qualität und Mobilität des sozialen Lebens aus dem Aspekt der historischen Entwicklung durchaus Grenzen gesetzt sind. Diese Grenze der Historie zum Sozialen hin macht aber deutlich, daß auch die Autonomie des Menschen aus dem historischen Denken heraus Grenzen hat, weil es neben dem Verständnis des Menschen als Träger von Zeit und Geist zum Beispiel die Realität der Sozialität des Menschen gibt, die wohl mehr aus dem Aspekt von Milieu und Interesse als aus demjenigen von Zeit und Geist erklärt werden kann. Zwar setzt die Bewältigung des Sozialen die Autonomie des Menschen voraus, doch muß soziales Gestalten in gewisser Weise offensichtlich über den Bereich des historischen Denkens auch hinausgehen, um erfolgreich sein zu können.

Kommt man nun auf die Negativa im existenziellen Autonomismus zu sprechen, so hat es wohl keinen Sinn, die immer wieder zutage getretenen Hauptcharakteristika desselben, nämlich die Weltlosigkeit, die Unsozialität und die Diskontinuität als solche Negativa anzusprechen, wie willkürlich, exzentrisch und sogar maßlos diese Charakteristika bei Nietzsche und Valéry auch in Erscheinung treten mögen. Zwar handelt es sich dabei immer auch um eine Herauslösung des Menschen aus den selbstverständlichsten Bindungen und Bedingungen des Lebens, Herauslösungen, die bereits die Frage nahelegen, ob Autonomie unter solchen Voraussetzungen überhaupt noch realisierbar sei. Man braucht nur an Valérys Einstellung zum sozialen Problem des Menschen zu erinnern, da er meint, daß «durch jene Vervollkommnung des sozialen Mechanismus ... gewisse Handlungen, Empfindungsarten, Anlagen zum Leben in der Gemeinschaft entbehrlich» werden.[5] Als ob es sich bei der sozialen Frage um die Erledigung von technischen Abläufen handelte! Da es sich bei diesen Erscheinungsformen von Weltlosigkeit, Unsozialität und Diskontinuität aber doch nicht nur um Akzidenzien handelt, sondern um Grundformen und Grundmotive des gesamten existenziellen Autonomismus, so müßte man diesen überhaupt als Mangelerscheinung und Dekadenzform bezeichnen, was allerdings dem Phänomen selbst nicht gerecht werden und einen evidenten Lebensstil deklassieren würde.

Eine Schwäche oder ein innerer Widerspruch scheint mir hingegen darin zu liegen, daß die Autonomie, wie sie uns von Nietzsche und Valéry vorgestellt wurde, mit einem Wort gesagt, von der Gelegenheit lebt. Zwei ganz verschiedene Haltungen begegnen hier immer wieder, und am Schnittpunkt vermißt man die innere Kontur. Auf der einen Seite ist nämlich das Lebensgefühl des Autonomismus geprägt von der Wachsamkeit gegenüber dem Augenblick, von der Auffassung auch, daß sich die beste und richtigste Entscheidung aus der Unmittelbarkeit der Situation ergibt und damit überhaupt von der Haltung, daß sich die Autonomie erst in der Einstellung auf die ungeahnten, ungezählten und unbegrenzten Möglichkeiten des Lebens bewährt. Nicht Plan und Gedanke, nicht Grenze oder Ziel bestimmen den Handlungsspielraum des Autonomisten, sondern eigentlich die Zufälligkeit des Begegnenden und damit letztlich die Haltung der reinen Rezeptivität. Es ist eine Rezeptivität, die bis zur Leugnung des schöpferischen Handelns im Menschen führt und damit eigentlich auch auf die Überlegenheit gegenüber der Gesamtheit des Begegnenden verzichtet. Zarathustras Wort: «über allen Dingen steht der Himmel Zufall, der Himmel Unschuld, der Himmel Ohngefähr, der Himmel Übermut. ‹Von Ohngefähr›, das ist der älteste Adel der Welt»[6], kann man abgewandelt auch in den Monologen von Valérys Faust wiederfinden. Auf der anderen Seite aber steht dies, daß dieser Autonomismus dann jederzeit bereit ist, sich mit der Tat zu identifizieren, und danach strebt, sich nur in diesem Augenblick der ausfüllenden Tat auszuleben und wiederzufinden. Man findet eine Aufforderung zur Aktivität, die soweit geht, zu meinen, daß Leben nur in der aktivierten Identität des Ich und als solche Identität möglich sei. «Tu was Du willst, wenn du es in aller Zukunft tragen kannst»[7], heißt eine Formel Valérys, die ebensogut auch Nietzsche geprägt haben könnte. Nicht daß Werke, Handlungen, Werte, Wirkungen und überhaupt alle äußeren Normen für das Tun des Menschen aufgehoben werden, erschreckt hier, aber doch dies, daß der Augenblick des Handelns, der doch auch ein Augenblick der Unfähigkeit und des Unvermögens sein kann, schon immer mit dem ganzen Vermögen, dem ganzen Willen und Erfassen zusammentrifft. Außerdem aber wird man auch darin bereits einen gravierenden Mangel dieser von Nietzsche und Valéry gezeichneten Autonomie sehen müssen, daß mit dem bewußt ausgesprochenen Verzicht auf alle Relationen, also der wirklichen Beziehung zur Welt der Arbeit, der Ware, der Begriffe und Werte, des Nächsten, des Alltäglichen und der politischen Zeitläufe, kurzum zu allem, was außerhalb des Individuums existiert, auch ein Selbstverständnis postuliert wird, dem die Kontrolle fehlt. Denn der Mensch bewährt sich für Nietzsche und Valéry nicht in der Situation und ihrer Bewältigung, sondern nur in der individuellen Aktion innerhalb der Situation. Diese Gleichgültigkeit gegen Art, Qualität, Wirkung und Dauer der im Menschen sich zusammendrängenden Zeit und des Geistes hat aber leicht die Folge, daß die Autonomie nur das Werk eines bis zum freien Verfügen über Zeit und Geist hochgezüchteten Automatismus bleibt. Es ergibt sich der Eindruck, daß die Autonomie des Sich-selbst-vollziehens doch die Souveränität des Sich-selbst-bewältigens nicht gewonnen hat. Diese Souveränität kann nicht durch das Aufgehen in der gegenwärtigen Zeit gewonnen werden, sondern nur durch die Verfügung über die Zeit überhaupt, und zwar durch die Einbeziehung der nichtgegenwärtigen Zeit, also Vergangenheit und Zukunft, in die gegenwärtige Zeit. Unter diesem Aspekt der zur Autonomie gehörenden Souveränität muß aber die Nichtbeachtung der nichtgegenwärtigen Zeit durchaus als ein Mangel in der autonomistischen Konzeption von Nietzsche und Valéry empfunden werden.

Aber die Finger in offene Wunden legen, heißt nicht ein Urteil sprechen. Das angedeutete Dilemma ist nicht zu lösen mit der Darlegung der Schwächen und der Kompensation von Positiva und Negativa, weil der historische und der existenzielle Autonomismus jeweils eine verschiedene Orientierung nach außen bzw. innen haben. Vor allem kann das beiden Strömungen eigene Fehlen eines sozialen Engagements nicht als Weg zur Lösung des Dilemmas angesehen werden, weil die soziale Ordnung einerseits nicht aus dem Verhältnis von Zeit und Geist zu verstehen ist, sondern aus dem Verhältnis von Ethnologie, Bevölkerungsmasse und Herrschaftsstruktur und einer angemessenen Konsumordnung, und weil ein sozialwissenschaftlicher Autonomismus notwendig in der Gefahr steht, den zweiten Schritt vor dem ersten zu tun. Aber das Dilemma ist auch nicht auf dem Wege der theoretischen Interpretation aufzuheben, indem man etwa den existenziellen Autonomismus geistesgeschichtlich «einordnet» in ein allgemeines historisches Entwicklungsschema, ihn als repräsentativ für eine bestimmte Epoche erklärt und damit den Schlüssel zur Erklärung des Phänomens in bewährter Weise im Schatzkästlein der Historizität aller Erscheinungen aufhebt.

Das Dilemma ist größer, weil es seine Ursache in den letzlich nicht zu vereinigenden Auffassungen des historischen und des existenziellen Autonomismus hat, inwiefern Zeit und Geist in der Welt sind bzw. inwiefern das Dasein des Menschen durch Zeit und Geist ein autonomes ist; und es ist nicht zu bereinigen, weil nicht zu bestreiten ist, daß beide Auffassungen in sich legitim sind. Kann man den historischen als einen visuell begründeten Autonomismus bezeichnen, so ist der existenzielle seiner Qualität nach psychisch angelegt. Für das historische Denken erscheinen Zeit und Geist faßbar, meßbar und kontrollierbar nur in der Geschichte, und die Geschichte ist dann die Manifestation von Zeit und Geist in der Welt überhaupt. Indem der Mensch seinen Geist in die Zeit projiziert, wird erst Geschichte, weshalb sie dann auch der unentbehrliche und im Sinne des historischen Denkens auch der getreueste Spiegel des Menschen ist. Dies gilt auch dann, wenn klar ist, daß die Geschichte nicht einfach Setzung des Menschen ist, sondern sich aus der Antwort des Menschen auf die Bedingungen der Natur, der Gesellschaft und der Entwicklung im allgemeinen ergibt. Und es gilt ferner mit der Maßgabe, daß die in der Geschichte aufscheinenden Werke des Menschen nur Andeutungen, Umrisse, Anfänge und Möglichkeiten des menschlichen Geistes in der Zeit sind und die ganze Wirklichkeit, der Wille, die Zielsetzung aufgrund dieser Hinterlassenschaften nicht voll greifbar werden. So ist die Geschichte zwar ein quellenmäßig gesicherter Weg zum Menschen, und doch ist der Mensch selbst in seiner jeweiligen Existenz für sie tabu. Zeit und Geist sind in der Gestalt der Geschichte nur das, was vom Menschen geblieben ist, bleibt und immer bleiben wird, während seine leibliche Existenz ihrer verfallenden Natur nach im Bild des historisch Denkenden einem gleichbleibenden und historisch nur bedingt wichtigen Geschick unterworfen ist.

Für das existenzielle Denken hingegen sind Zeit und Geist nicht Wirkungen und damit Zeugnisse des Menschen, sondern eigentlich Voraussetzungen und damit in ihrer vollen Entfaltung die Wesenheit des Menschen. Der Mensch ist nur Mensch, sofern er durch Verzeitlichung bzw. Vergeistigung (Bewußtwerdung) zu sich selbst gekommen ist, wobei es hier nicht weiter zu erörtern ist, ob der Realitätswert des Autonomismus größer ist, wenn der Mensch im vitalistischen Sinne Nietzsches die vergeistigte, machtgewordene Zeit ist, oder ob er im intellektualistischen Sinne Valérys als der verzeitlichte Geist verstanden wird. Wesentlich ist nur, daß Zeit und Geist hier den Menschen selbst konstituieren und nicht seinen Wert, seine Dauer oder sein Bild. Es bedarf darüber hinaus keiner Zeugnisse, denn für den seine Autonomie lebenden Menschen sagen sie nichts und für das Verständnis des andern helfen sie nichts. Mag es auch eine Wirkung dieser Selbstdemonstration des Menschen als Zeit und Geist in die Welt hinein geben, wie es Nietzsche immerhin akzeptiert, oder mag sie nur konstruiert werden, wie es Valéry behauptet, so bleibt diese Wirkung nach der Meinung beider sowohl für den Wirkenden wie auch für den Betroffenen gleichgültig, diese Wirkungen haben nichts mit Zeit und Geist zu tun. Das heißt aber, daß die Geschichte als eine Ansammlung solcher Wirkungen an sich doch ohne jede Bedeutung für den Menschen, sein Selbstverständnis und sein Tun ist. Ist sie es doch nicht, die die Realität der Welt demonstriert, sondern eben jenes Hängen zwischen zwei Unmenschlichkeiten, die sich aus dem Zeit- und Geist-Sein des Menschen tatsächlich ergeben: nämlich derjenigen, in der man physisch steht und der anderen, die man psychisch erstrebt. «Ein Mensch, der nie versucht hat, den Göttern ähnlich zu werden, ist weniger als ein Mensch» heißt es bei Valéry.[8] Die Autonomie vollendet sich für dieses existenzielle Denken erst dann, wenn das leiblich-existenzielle Geschick des Menschen nicht mehr einfach dem Gang der Geschichte überlassen ist und mit mehr oder weniger Schrecken endet, sondern durch die Einbeziehung in die zeit-geistige Erfassung dieses Lebens ungefährdbar geworden ist.

Nach allem Gesagten gibt es bei der Frage nach der Richtigkeit dieser beiden Formen des Autonomismus kein Entweder-Oder. Auch die Frage nach der besseren oder vollkommeneren Form des Autonomismus angesichts der Alternative wäre falsch gestellt. Denn selbst die Tatsache, daß der historisch Denkende sich nach der Distanzierung von der historistischen Weltanschauung eingestehen und innerhalb der Historie realisieren muß, daß er notwendig immer auch existenzieller Autonomist ist, besagt nicht, daß der historische Autonomismus deshalb a priori unvollständig, nur eine Angelegenheit des Beliebens und des zufällig erworbenen Wissens sei. Ist doch der existenzielle Autonomismus für sich gesehen auch immer nur eine mehr oder weniger total ergriffene, gedachte und gelebte Vorstellung, und Valéry war sich der nur paradigmatischen Bedeutung seines Denkens bewußt, als er sagte: «Die Welt hat nur durch die Extreme Wert und nur durch das Durchschnittliche Bestand.»[9] Die entscheidende Frage richtet sich deshalb darauf, ob der im modernen Menschen vorhandene existenzielle Autonomismus notwendig geschichtsfeindlich sein müsse. Und hier muß die Antwort lauten, daß das autonome Denken eine Projektion von Zeit und Geist in die Geschichte hinein und um der Geschichte willen solange ablehnen kann oder sogar ablehnen muß, als der autonom Handelnde in der Erfassung und Verwirklichung seiner Existenz und seiner existenziellen Autonomie begriffen ist. Denn die bewußte, aktive und gezielte Projektion von Zeit und Geist des Menschen aus sich heraus und in die Welt hinein bleibt deshalb problematisch, eine mögliche Illusion, weil auch der voll politisch tätige Mensch kein Wissen über den historischen Wert seines Wirkens haben kann. Es gibt keinen gewissen und vorwegnehmbaren Entwurf der Geschichte nach vorwärts, und deshalb erfüllt sich der existenzielle Autonomismus ausschließlich in der Gegenwart. Geht es aber darum, daß der um seine Unmenschlichkeit wissende autonome Mensch die menschliche Bedingung, die menschlichen Grenzen und das allgemeinmenschliche Geschick dieser Unmenschlichkeit erfährt und daß er sieht, wie alle Projektionen von Zeit und Geist in die Geschichte hinein nur Relikte eines Menschen sind, der Zeit und Geist sucht, sich darin zurechtfindet und manifestiert, so wird auch für das existenzielle Denken die Geschichte ein Weg sein, die Unmenschlichkeit des Menschen und die Menschlichkeit (im negativen und positiven Sinn) des Unmenschen unter dem Gesamtaspekt des Menschseins überhaupt zurechtzurücken und sie nach ihrer Wertigkeit auch in das existenzielle Leben einzubauen. Unter dem Aspekt, die menschlichen Möglichkeiten im allgemeinen richtig zu erfassen, müßte sich die Geschichtsfeindlichkeit als ein Irrweg und ein Hindernis für den Autonomisten erweisen. Denn angesichts des beständigen und in Jahrtausenden konstant gebliebenen Grenzzustandes des Menschen zur Unmenschlichkeit hin, seiner Exzesse, seiner Selbstvergessenheit, seiner Verzweiflung und seinem Leiden, ist es vor allem die Geschichte, die diese Unmenschlichkeit in die Menschlichkeit bzw. Menschengemäßheit und Kontinuität zurückholt, und erst aus dem Aspekt der Geschichte erweist die tatsächliche Unmenschlichkeit in ihrer Effektivität ihre Beschränktheit. Das heißt, im Aspekt der Geschichte erscheint der Mensch menschlicher als in seiner Existenz. Nicht daß das Bild der Geschichte vom Menschen illusionär wäre, aber die Möglichkeit des Menschen zur Unmenschlichkeit bleibt im Spiegel der Geschichte beschränkt und die Menschlichkeit realer, als in der Sicht der bloßen Existenz. Die Vergangenheit umreißt schärfer die Wirkungsmöglichkeiten, aber auch die Existenz des Menschen, als die Vision der Zukunft.

ANMERKUNGEN

I. Zeit und Geist in Philosophie und Historie

1. Das Anliegen

1 G. W. F. Hegel, Vorlesungen über die Philosophie d. Geschichte, Einleitung
2 ebenda
3 K. Marx, Die deutsche Ideologie (1845/46), in «Die Frühschriften» hg. v. S. Landshut, 1953, S. 354

2. Zeit und Geist in der Philosophie

1 Adenauer sagt in der Einführung zu seinen «Erinnerungen», seiner Meinung nach sei die Arbeit eines Historikers nur dann «wirklich getan, wenn er, so gut wie möglich, zukünftige Entwicklungen aus dem jetzigen Geschehen folgere.»
2 Auf dem Konzil in Trient wird erklärt, daß sowohl die Evangelien wie auch die Glaubensentscheidungen der Kirche unmittelbar von Gott stammten und daher nicht historisch erklärbar seien. Es wird entschieden, daß «omnes libros tam veteris quam novi testamenti, cum utriusque unus Deus sit auctor, necnon traditiones ipsas ... tamquam vel oretenus a Cristo, vel a Spiritu Sancto dictatas». Vgl. das Dekret vom 8. 4. 1546, in «Concilium Tridentinum» hg. v. d. Görres-Gesellschaft, Tom. V, S. 91, ähnlich das Dekret vom 26. 3. 1546, ebenda S. 31
3 G. W. F. Hegel, Vorlesungen über die Philosophie d. Geschichte, Einleitung
4 P. Valéry, Briefe, übertragen v. W. A. Peters, o. J. Insel-Verlag, S. 187
5 G. W. F. Hegel, Vorlesungen über die Philosophie d. Geschichte, Einleitung
6 ebenda
7 ebenda
8 ebenda
9 ebenda
10 G. W. F. Hegel, Encyclopädie der philosophischen Wissenschaften im Grundrisse, hg. v. A. Hoffmeister, 1949, § 258
11 G. W. F. Hegel, Vorlesungen über die Philosophie d. Geschichte, Einleitung
12 G. W. F. Hegel, Phänomenologie des Geistes, W. W., II., S. 604
13 W. v. Humboldt, Über die Aufgaben des Geschichtsschreibers
14 A. Schopenhauer, Die Welt als Wille und Vorstellung, Kap. 38, Über Geschichte
15 Aurelius Augustinus, Bekenntnisse, 11. Buch, I, 1
16 ebenda XX, 26
17 ebenda XXVII, 36
18 ebenda XXX, 39
19 ebenda XIV, 17 und XXX, 40

20 Migne, Patrologia Latina, Bd. 90, S. 298
21 Altes Testament, Buch Exodus, 20, 8–11
22 M. Heidegger, Sein und Zeit, 8. Aufl. 1957, S. 436
23 In den Vorlesungen über die Philosophie der Geschichte sagt Hegel: «Zeit ist das Negative im Sinnlichen»
24 M. Heidegger, Sein und Zeit, S. 424 und 421
25 ebenda, S. 409
26 ebenda, S. 426
27 ebenda, S. 396 und 381
28 ebenda, S. 394
29 H. Bergson, Schöpferische Entwicklung, übers. v. G. Kantorowicz, 1921, S. 305 und 342
30 H. Bergson, Denken und schöpferisches Werden, übers. v. L. Kottje, 1948, S. 47

3. Zeit und Geist in der Historie

1 Siehe dazu A. Kraus, Vernunft und Geschichte, Die Bedeutung der deutschen Akademien für die Entwicklung der Geschichtswissenschaft im späten 18. Jahrhundert, 1963
2 G. Simmel, Lebensanschauungen, 1918
3 Thomas v. Aquin, Summa theologica, 10. Untersuchung, 2. Artikel
4 I. Kant, Kritik der reinen Vernunft, I. Teil, § 6
5 Hegel, Encyclopädie, § 258, Zusatz
6 J. G. Droysen, Historik, hg. v. R. Hübner, 4. Aufl. 1960, S. 21
7 P. Valéry im «Discours de l'Histoire», Oeuvres I, 1957, S. 1128
Derselbe Vorwurf bei Nietzsche, Wille zur Macht, Nr. 545
8 Erasmus v. Rotterdam, Briefe, hg. v. W. Köhler, 1956, S. 373
9 J. W. v. Goethe, Maximen und Aphorismen, Aus Kunst und Altertum, Fünften Bandes erstes Heft, 1824, Einzelnes
10 Sueton, Cäsarenleben, Kap. 79
11 Satz 8 des Dictatus papae Gregors VII., bei E. Bernheim, Quellen zur Geschichte des Investiturstreits, Bd. I, 1913, S. 47
12 O. Hintze, Troeltsch und die Probleme des Historismus, in Gesammelte Abhandlungen, Bd. II, hg. v. G. Oestreich, 2. Aufl. 1964, S. 368
13 Th. Schieder, Geschichte als Wissenschaft, 2. Aufl., 1968, S. 157 ff.
14 Aristoteles, Poetik, Kap. 9
15 A. Schopenhauer, Die Welt als Wille und Vorstellung, II. Teil, Kap. 38,
16 N. Machiavelli, Der Fürst, Kap. 25
17 L. v. Rtnke, Politisches Gespräch, 1836, Sämtl. Werke Bd. 49/50
18 J. Burckhardt, Weltgeschichtliche Betrachtungen, 1. Unsere Aufgabe
19 Platon, Phaidros, in Sämtliche Werke, Heidelberg o. J., Bd. II, S. 435

4. Der Mensch in der Historie

1 W. Dilthey, Der Aufbau der geschichtlichen Welt in den Geisteswissenschaften, Ges. Schriften, Bd. VII, 2. Aufl. 1958, S. 290, 161
2 Vgl. dazu die Darlegung von H. G. Gadamer in «Wahrheit und Methode», 2. Aufl., 1960, S. 172 ff.

3 H.-W. Hedinger, Subjektivität und Geschichtswissenschaft, 1969, S. 146
4 ebenda, S. 87
5 ebenda, S. 145 unter Berufung auf Heidegger
6 ebenda, S. 117
7 L. v. Ranke, Die römischen Päpste
8 H. Bergson, Denken und schöpferisches Werden, S. 34/35
9 C. Lévi-Strauß, Strukturale Anthropologie, 1967, S. 32
10 E. K. Francis im Artikel «Soziologie» des Staatslexikon, hg. v. d. Görres-Gesellschaft. 6. Aufl., 1963, Bd. 5, Spalte 431
11 E. Durkheim, Regeln der soziologischen Methode, hg. v. R. König, 3. Aufl., 1970
12 ebenda, S. 199
13 ebenda, S. 88
14 ebenda, S. 186

5. Einige Konsequenzen aus dem Vorangegangenen

1 Th. Schieder in «Unterschiede zwischen historischer und sozialwissenschaftlicher Methode», in «Soziologie und Geschichte», hg. v. H.-U. Wehler, 1972, S. 302
2 W. Dilthey, Ges. Schriften, VII, S. 277
3 H. G. Gadamer, Wahrheit und Methode, S. 289
4 ebenda, S. 245
5 J. Habermas, Erkenntnis und Interesse, 1968, S. 358
6 ebenda, S. 261
7 Briefwechsel zwischen Wilhelm Dilthey und dem Grafen Yorck von Wartenburg 1877–1897, 1923, S. 60
8 E. Heintel, Wie es eigentlich gewesen ist, in «Erkenntnis und Verantwortung», Festschrift f. Th. Litt, 1960, S. 226
9 R. Wittram, Das Interesse an der Geschichte, 1958, S. 16
10 Droysen, Historik, S. 13
11 J. Burckhardt, Weltgeschichtliche Betrachtungen, Der Staat
12 F. Meinecke, Die Idee der Staatsräson, Werke, 1957, S. 5
13 ebenda, S. 15
14 Th. Schieder, Geschichte als Wissenschaft, S. 96/97
15 R. Wittram, Das Interesse an der Geschichte, S. 89
16 ebenda, S. 91, auch S. 94
17 H. v. Kleist, Über das Marionettentheater, Sämtl. W. Insel-Ausgabe, S. 1142
18 J. G. Herder, Ideen zur Geschichte der Philosophie der Menschheit, 13. Buch, Abschnitt VII
19 W. v. Humboldt, Über die Aufgaben des Geschichtsschreibers
20 vgl. dazu F. Meinecke, Die Entstehung des Historismus, 1946, II. Buch, 10. Kapitel
21 J. W. v. Goethe, Dichtung und Wahrheit, 11. Buch
22 H. M. Baumgartner, Kontinuität und Geschichte, 1972, S. 249
23 J. Habermas, Erkenntnis und Interesse, S. 320/321
24 H. G. Gadamer, Wahrheit und Methode, S. 187

25 F. Braudel: «Geschichte und Sozialwissenschaften – Die longe durée» in «Geschichte und Soziologie», hg. v. H.-U. Wehler, 1972, S. 209
26 A. Heuss, Max Weber und das Problem der Universalgeschichte, in «Zur Theorie der Weltgeschichte», 1968, S. 49 ff.
27 M. Weber, Die «Objektivität» sozialwissenschaftlicher Erkenntnis, in Soziologie-Weltgeschichtliche Analysen-Politik, hg. v. J. Winckelmann, 1964, S. 217
28 A. Heuss, Zur Theorie der Weltgeschichte, S. 51
29 M. Weber, Die «Objektivität» sozialwissenschaftlicher Erkenntnis, S. 220
30 ebenda, S. 238
31 Z. B. die Aufsätze «Wesen und Verbreitung des Feudalismus», «Typologie der ständischen Verfassungen des Abendlandes», «Weltgeschichtliche Bedingungen der Repräsentativverfassung», vgl. dazu F. Hartung, Zur Entwicklung der Verfassungsgeschichtsschreibung in Deutschland, Sitzungsberichte d. Deutschen Akademie, Berlin 1956, S. 37
32 S. Kierkegaard, Philosophische Brocken, 1960, S. 70
33 ebenda, S. 75
34 ebenda, S. 73

6. Möglichkeiten und Grenzen der Historie

1 R. Wittram, Das Interesse an der Geschichte, S. 120

II. Zeit und Geist im modernen Autonomismus

2. Geschichtsfeindlichkeit und Zeitverständnis bei Nietzsche

1 F. Nietzsche, Also sprach Zarathustra, Von der Erlösung. Nietzsches Werk wird im folgenden zitiert nach der 4 bdg. Ausgabe, hg. v. K. Schlechta, 1966, hier Bd. II, S. 394
2 Nietzsche, Geburt der Tragödie, I, S. 37
3 Nietzsche, Nachlaß, III, S. 554. = Wille zur Macht (folgend zitiert als WzM.), Nr. 20
4 Nietzsche, Schopenhauer als Erzieher, Bd. I, S. 319
5 Nietzsche Nachlaß, III, S. 676 = WzM. Nr. 12
6 ebenda, S. 557
7 ebenda, S. 634 = WzM., Vorrede
8 Man kann diese identifizierende und mißverstehende Geschichtsauffassung selten prägnanter ausgedrückt finden, als in Fröhliche Wissenschaft, Aphorismus Nr. 337, II, S. 197/198
9 Vom Nutzen und Nachteil der Historie für das Leben, I, S. 212
10 ebenda, S. 226
11 ebenda, S. 237
12 Richard Wagner in Bayreuth, I, S. 367, auch S. 380
13 Nachlaß, III, S. 768
14 ebenda, S. 684 = WzM. Nr. 708
15 Die Philosophie im tragischen Zeitalter der Griechen, III, S. 370/71

16 Nachlaß, S. 542 = WzM. Nr. 552
17 ebenda, S. 458 = WzM. Nr. 988
18 ebenda, S. 896 = WzM. Nr. 617
19 H. Bergson, Schöpferische Entwicklung, 1921, S. 59
20 Nachlaß, III, S. 456 = WzM. Nr. 545
21 ebenda, S. 501 = WzM. Nr. 550
22 ebenda, S. 500 = WzM. Nr. 561
23 ebenda, S. 500 = WzM. Nr. 663
24 ebenda, S. 768 = WzM. Nr. 551
25 ebenda, S. 733 = WzM. Nr. 529
26 ebenda, S. 667 = WzM. Nr. 524
27 ebenda, S. 863, 673, 858 = WzM. Nr. 473, 477, 501
28 ebenda, S. 897 = WzM. Nr. 504
29 ebenda, S. 751, auch 499, = WzM. Nr. 480, 505
30 ebenda, S. 729 = WzM. Nr. 478
31 ebenda, S. 543 = WzM. Nr. 517
32 ebenda, S. 667, 895 = WzM. Nr. 524, 644
33 ebenda, S. 457 = WzM. Nr. 520, 488, 518
34 ebenda, S. 558 = WzM. Nr. 785
35 Zarathustra, Von der Selbstüberwindung
36 Zarathustra, Von der Selbstüberwindung und Von den Freuden- und Leidenschaften
37 Nachlaß, III, S. 908 = WzM. Nr. 859
38 Zarathustra, Der Genesende
39 H. Bergson, Schöpferische Entwicklung, S. 33
40 Nachlaß, III, S. 853 = WzM. Nr. 55
41 K. Löwith, Nietzsches Philosophie der ewigen Wiederkehr des Gleichen, 1956, S. 87 spricht von einer zweifach deutbaren Lehre als atheistische Religion einerseits und als physikalische Metaphysik, s. auch S. 98
42 M. H. Kerkhoff, Physis und Metaphysik, Diss. München 1963, S. 146/147
43 Nachlaß III, S. 867 = WzM. Nr. 677 und Zarathustra, Von der Erlösung
44 So bei L. Giesz, Nietzsche, Existenzialismus und Wille zur Macht, 1950, S. 142 ff.
45 Nachlaß III, S. 872 = WzM. Nr. 1057
46 Vgl. K. Löwith, Nietzsches Philosophie der ewigen Wiederkehr des Gleichen, S. 90
47 Sophokles, Ajax, in Tragödien, Inselausgabe, 1937, übersetzt v. R. Woerner, S. 31
48 Thukydides, Geschichte des Peloponnesischen Krieges, Buch II, Kap. 64
49 Herodot, Historien, Buch I, Kap. 207
50 Heraklit, Fragment Nr. 4, in Die Vorsokratiker, hg. v. W. Capelle, 1935
51 Heraklit, Fragment Nr. 30
52 Heraklit, Fragment Nr. 94
53 Empedokles, Fragment Nr. 17, in Die Vorsokratiker, hg. v. W. Capelle
54 Nietzsche, Nachlaß III, S. 704 = WzM. Nr. 1066
55 Pindar, Fünfte isthmische Ode
56 Zarathustra, Von Gesicht und Rätsel
57 Herodot, Historien, Buch VIII, Kap. 109

3. Das Verständnis des Geistes und die Geschichtsfeindlichkeit bei Valéry

1 Dies getan zu haben ist vor allem das Verdienst von E. Gaéde, Nietzsche et Valéry, Essay sur la Comédie de l'esprit, 1966
2 Vgl. dazu E. Gaéde, Appendix, S. 445 ff. und Anm. Nr. 25, S. 489
3 Cahiers, Bd. V, S. 664
4 Mein Faust, dt. v. F. Kemp, 1957, S. 124
5 Windstriche, 1959, S. 70
6 Faust, S. 16
7 Briefe, dt. v. W. A. Peters, Insel-Verlag o. J., S. 157 und 91
8 Im Akademie-Vertrag «Descartes», Oeuvres I, S. 805
9 R. Descartes, Von der Methode, dt. v. A. Buchenau, 1960, Teil IV, Kap. 4
10 Schlimme Gedanken und andere, dt. v. W. Riemerschmid, 1963, S. 19
11 ebenda, S. 5
12 Cahiers, Bd. 1, S. 700, 809, auch Bd. 23, S. 387
13 Windstriche, S. 83/84
14 Schlimme Gedanken, S. 140
15 Faust, S. 70, vgl. dazu das Kapitel «Sensibilität und Lust» in dem Buch von K. A. Blüher, «Strategie des Geistes – Paul Valérys Faust», 1960, S. 36 ff.
16 Schlimme Gedanken, S. 5 und 141
17 Die fixe Idee, dt. v. F. Wurm, 1965, S. 80
18 Schlimme Gedanken, S. 159. Siehe auch Windstriche, S. 146
19 Schlimme Gedanken, S. 158
20 Herr Teste, dt. v. M. Rychner, 1947, S. 15
21 Briefe, S. 92
22 Vgl. Nietzsche, Werke, III, S. 453/454 = WzM. Nr. 659 auch III, S. 475 = WzM. Nr. 492, III, S. 476 = WzM. Nr. 532
23 Nietzsche III, S. 858 = WzM. Nr. 501
24 La Politique de l'Esprit, Oeuvres I, S. 1022 und 1083
25 Windstriche S. 141
26 ebenda, S. 146
27 Herr Teste S. 12
28 Briefe, S. 221
29 Schlimme Gedanken, S. 51
30 Aus dem Aufsatz «Dichtkunst und abstraktes Denken», in dem Band «Zur Theorie der Dichtkunst», dt. v. K. Leonhard, 1962, S. 163
31 La Politique de l'Esprit, Oeuvres I, S. 1025
32 Windstriche S. 140
33 Vgl. Briefe S. 202
34 Die fixe Idee, S. 33
35 Briefe S. 155
36 Cahier B 1910, 1962, S. 52
37 ebenda, S. 43
38 Briefe, S. 199
39 Schlimme Gedanken, S. 151
40 Windstriche, S. 69
41 Mélange, Oeuvres I, S. 396
42 Eckermann-Gespräche 1824

43 Schlimme Gedanken, S. 52
44 ebenda, S. 153, 137, Cahier B, S. 57, 55, 41
45 Briefe, S. 148
46 Fixe Idee, S. 21. Am schönsten wird dieser Verwandlungsvorgang umschrieben im Gedicht «Wie am Ufer des Meeres», Windstriche, S. 84–86, wo es am Schluß heißt: «Mehr als einsam am Ufer des Meeres /Wie die Welle geb ich mich hin / Eintöniger Verwandlung / Von Wasser in Wasser / Von mir in mich.
47 Windstriche, S. 118
48 Cahier B, S. 23
49 Briefe, S. 220
50 Politique de l'Esprit, Oeuvres I, S. 1024, ähnliche Formulierung auch S. 1026
51 Schlimme Gedanken, S. 47
52 Cahier B, S. 37
53 Schlimme Gedanken, S. 132
54 Cahiers, Bd. 29, S. 362
55 Schlimme Gedanken, S. 157
56 ebenda, S. 167 und 47
57 Vgl. Notes zu Oeuvres I, S. 1600
58 Vorwort zum Faust. Auf die ständige Bindung zu Goethe verweist auch sein Eintrag in einem seiner letzten Hefte vom 13. Januar 1945, wo es heißt, «Mein fortwährendes Tagebuch ist mein Eckermann». Vgl. Oeuvres I, Introduction, S. 70
59 Oeuvres II, S. 531 ff., hier besonders SS. 534, 538, 539
60 Windstriche, S. 40
61 So im Brief an den französischen Historiker A. Lebey, Briefe S. 63
62 Fixe Idee, S. 29
63 Schlimme Gedanken, S. 88
64 Faust, S. 124
65 «Discours de l'Histoire», Oeuvres I, S. 1133
66 Avant-Propos zu den «Regards sur le Monde actuel», Oeuvres II, S. 915
67 «De l'Histoire», Oeuvres II, S. 935
68 Schlimme Gedanken, S. 192
69 ebenda, S. 193
70 «Discours de l'Histoire», Oeuvres I, S. 1131
71 Fixe Idee, S. 30. Vgl. dazu vor allem auch seinen Aphorismus «Vollständige oder notwendige und ausreichende Geschichte», Schlimme Gedanken, S. 194–196
72 Oeuvres II, S. 1140
73 Oeuvres I, S. 307
74 Oeuvres II, S. 917
75 Windstriche, S. 175
76 Cahier B, S. 9
77 «Fluctuations sur la Liberté», Oeuvres II, S. 961
78 Schlimme Gedanken, S. 87
79 ebenda, S. 90
80 ebenda, S. 193
81 Windstriche S. 100

82 Korintherbrief 15, 17
83 Schlimme Gedanken S. 87
84 ebenda, S. 89
85 ebenda, vgl. auch Briefe, S. 87 und 66
86 «Regards sur le Monde actuel», Oeuvres II, S. 948
87 «Discours de l'Histoire», Oeuvres I, S. 1132
88 Briefe S. 200
89 «De l'Histoire», Oeuvres II, S. 935
90 Cahiers, Bd. 25, S. 577
91 Briefe S. 65
92 ebenda, S. 171
93 Schlimme Gedanken, S. 193
94 ebenda, S. 88
95 Windstriche S. 142
96 Schlimme Gedanken, S. 191
97 ebenda, S. 88
98 In den «Essays quasi politiques», Oeuvres I, S. 1045
99 Tel Quel, Oeuvres II, S. 532. Vgl. dazu auch K. Löwith, «Paul Valéry – Grundzüge seines philosophischen Denkens», 1971
100 Windstriche S. 37
101 ebenda, S. 157. Eine anderslautende Aussage macht Valéry freilich in den «Essays quasi politiques», Oeuvres I, S. 1045, wo er bezüglich der Mechanisierung des menschlichen Lebens von einer «beachtlichen Verminderung der Autonomie, einem Abstieg des Gefühls der Könnerschaft und einem damit korrespondierenden Zutrauen in die Zusammenarbeit» spricht.
102 Cahiers, Bd. 7, S. 760

4. Die Klärung des Konflikts

1 Auch das naturwissenschaftliche Denken betrachtet die Welt nur als ein Objekt, und zwar schon lange vor dem autonomistischen Denken; da aber die Frage nach der Herrschaft und dem geistigen Prinzip bezüglich dieses Objekts dort nicht angeschnitten wird, bleibt dieses naturwissenschaftliche Denken trotz seiner größeren Radikalität in der Objektbetrachtung der Welt tabu gegenüber dem Prinzip der Autonomie und bis zur Gegenwart möglicherweise auch im Einklang mit der religiösen Welterklärung. Vgl. dazu C. F. v. Weizsäcker, Die Geschichte der Natur, 7. Aufl., 1970
2 Die Zitate aus Ortega y Gasset, Der Aufstand der Massen, Kap. 3, 2 und 6
3 ebenda, Kap. 3
4 Valéry, Leonardo, übertragen v. K. A. Horst, 1960, S. 99
5 Valéry, Cahier B, S. 47
6 Zarathustra, 3. Teil, Kap. «Vor Sonnenaufgang», vgl. dazu auch das Wort aus dem Nachlaß, Werke III, S. 912 = WzM. Nr. 673: «Ich erkannte die aktive Kraft, das Schaffende inmitten des Zufälligen: – Zufall ist selber nur das Aufeinanderstoßen der schaffenden Impulse.»
7 Valéry, Cahier B, S. 15
8 Valéry, Windstriche, S. 128
9 Valéry, Cahier B, S. 15